MENTAL HEALTH

Das Kochbuch

Dr. Stephanie Grabhorn · Nico Stanitzok

MENTAL HEALTH

Das Kochbuch

EMF

EIN BUCH DER
EDITION MICHAEL FISCHER

Inhalt

Vorwort

Liebe Leser*innen,

wussten Sie, dass gemeinsames Kochen von Therapeut*innen in vielen psychosomatischen Kliniken als Therapie gegen depressive Verstimmungen empfohlen wird?

Ein Kochbuch, das sich mit der Verbesserung der Stimmung beschäftigt, liegt mir sehr am Herzen. Leckere Rezepte, die gleichzeitig alle Nährstoffe enthalten, die unsere Seele braucht, unterstützen die Lebensqualität und das Wohlbefinden. Schon Sebastian Kneipp hat gesagt: „Der Weg zur Gesundheit führt durch die Küche, nicht durch die Apotheke."

In meinem eigenen beruflichen Alltag habe ich beobachtet, dass gerade niedergeschlagene, depressive Patient*innen dazu neigen, ihre Ernährung zu vernachlässigen. Dabei ist eine gute Versorgung mit frischen, gehaltvollen und gesunden Lebensmitteln dann besonders wichtig.

Unsere Ernährung kann unsere Stimmung und unsere psychische Gesundheit massiv beeinflussen. In zahlreichen internationalen Studien wurde das belegt. Zum Beispiel konnte laut einer amerikanischen Studie durch eine ausgewogenere Ernährung das Befinden und das Bewegungsverhalten der Proband*innen deutlich verbessert werden. In der anerkannten Fachzeitung „Der Nervenarzt" wird u. a. beschrieben, dass bestimmte Nährstoffe bei Depression und Demenz wohl Vorteile haben. Außerdem weiß man, dass der Mangel an existenziellen Nährstoffen zu Stimmungsschwankungen bis hin zu schweren psychischen und neurologischen Erkrankungen führen kann.

Wir wissen schon lange, dass man Körper und Seele nicht voneinander getrennt betrachten darf. Also nährt eine Mahlzeit nie nur den Körper, sondern liefert auch Existenzielles für unsere Seele. Eine Mahlzeit ist so viel mehr als bloße Nahrungsaufnahme. Der Prozess der Zubereitung kann eine therapeutische Wirkung haben. Man konzentriert sich auf das Rezept, die Vorbereitungen – dies ist ein achtsamer Zustand. In dem Moment des Kochens ist man mit den Gedanken in einem kreativen Prozess. Dies ermöglicht einem gestressten Menschen abzuschalten und vom Alltag Abstand zu gewinnen. Kochen als kreative Achtsamkeitsübung hat an sich schon einen Mehrwert für die Seele. Das bewusste Essen im Anschluss ist dann ein weiterer Schritt in Richtung loslassen, entspannen und mit allen Sinnen genießen. So kann Kochen eine lustvolle, antidepressive Therapie sein!

Ihre Dr. Stephanie Grabhorn

S. Grabhorn

Liebe Leser*innen,

„Lass Essen deine Medizin sein und Medizin dein Essen", sagte der griechische Arzt und Lehrer Hippokrates bereits vor über 2000 Jahren. Er sagte auch, dass alles im Übermaß entgegen der Natur sei.

Ich möchte es mit den Zitaten nicht übertreiben, aber es ist schon faszinierend, wie viel man bereits vor tausenden Jahren über gesunde Ernährung wusste. Heute wissen wir, besser denn je, worauf wir bei der Ernährung achten sollen, und trotzdem ernähren sich viele Menschen eher ungesund. Das mag durchaus auch an dem falschen Bild liegen, das durch jahrelange massive Werbung der Lebensmittelindustrie erzeugt wurde.

Obwohl ich bereits vor Jahrzehnten den Beruf des Kochs gelernt habe, habe ich erst viel später verstanden, was gute und gesunde Ernährung ausmacht – in meiner Ausbildung zum Diät-Koch. Und auch danach hat es noch einige Jahre gebraucht, bis ich endlich erkannte, dass mein Verlangen nach Süßem im Zusammenhang mit meinen Emotionen steht. Wann immer ich frustriert war, gestresst oder mich aus unerklärlichen Gründen eine Melancholie überkam, griff ich zu Süßem. Eine große Tafel Schokolade oder eine große Tüte Gummibärchen – manchmal auch mehr oder beides zusammen – sollten helfen, mich gut zu fühlen. Meistens ging es mir am Tag danach noch schlechter, oft so schlecht, dass ich wie paralysiert nur dasitzen konnte, um auf Besserung zu warten. Mit jeder Menge negativer Gedanken.

Als mir eines Tages der Zusammenhang bewusst wurde, konnte ich gezielt darauf reagieren. Ich kann mir heute in Situationen, in denen mich meine Depression ärgern möchte, sagen, dass Gummibärchen nicht helfen werden. Manchmal backe ich mir dann einen Kuchen, aber mit weniger Zucker und vollwertigen Zutaten. Einen Möhrenkuchen zum Beispiel, mit Vollkornmehl und Haselnüssen. Der schmeckt sehr lecker, ist bedeutend gesünder als Süßigkeiten und hebt meine Stimmung. Vor allem aber falle ich danach nicht in ein noch tieferes Loch.

Gefühle, Gedanken und Emotionen können durch unser Essverhalten mitbestimmt werden. Die Nährstoffe in den Rezepten dieses Buches sind so zusammengestellt, dass sie positive Gefühle, Gedanken und Emotionen auslösen und fördern können. Damit dieser Effekt eintreten kann, ist es wichtig, sich regelmäßig gesund und vollwertig zu ernähren.

Ich wünsche Ihnen dabei allzeit gutes Gelingen, glückliche Momente und guten Appetit. Bleiben Sie gesund!

Ihr Nico Stanitzok

Grundlagen

Unsere Ernährung hat nicht nur Auswirkungen auf unsere physische Gesundheit, sie kann auch unsere Stimmung und unser psychisches Wohlergehen massiv beeinflussen. So wie ein Mangel an existenziellen Nährstoffen zu Stimmungsschwankungen bis hin zu schweren psychischen und neurologischen Erkrankungen führen kann, ist es ebenso möglich, durch eine bewusste Ernährung Nährstoffmangel vorzubeugen und gezielt auf unser seelisches Wohlbefinden einzuwirken.

Depressive Verstimmungen, Stress & mentale Erschöpfung

Depressive Verstimmungen beschreiben einen psychischen Zustand, der u. a. mit einem Gefühl von Traurigkeit, Erschöpfung, Hoffnungslosigkeit und Antriebslosigkeit einhergeht. Depressive Patient*innen beschreiben oft auch heftige Stimmungsschwankungen, Interessenlosigkeit oder auch körperliche Befindlichkeitsstörungen, die über einen längeren Zeitraum bestehen. Es fällt den Betroffenen schwer, den Alltag zu meistern, und sie werden von dem Gefühl der Überforderung gequält. Schuldgefühle und Selbstzweifel werden ebenfalls als sehr belastend empfunden. Depressive Verstimmungen halten oft viele Wochen, oft Monate oder manchmal sogar Jahre an.

Depressive Verstimmungen können in unterschiedlichen Schweregraden auftreten. Dieser wird beurteilt anhand der Intensität der Beschwerden und über das Ausmaß, in dem die Depression auch körperliche Symptome verursacht. Außerdem können depressive Episoden in unterschiedlichen Abständen mehrfach im Leben auftreten. Dann spricht man von einer rezidivierenden (wiederholten) Depression.

Die Auslöser depressiver Verstimmungen können ganz unterschiedlich sein, wie z. B. belastende Ereignisse, Stress, Überforderung, Vererbung, hormonelle Umstellung oder die dunkle Jahreszeit (saisonale Depression). Sie können aber auch durch Fehlernährung bzw. Mangelzustände entstehen. Von 100 Bundesbürger*innen leiden ca. 20 im Laufe ihres Lebens unter einer depressiven Episode, wobei Frauen häufiger betroffen sind als Männer.

Wussten Sie, dass ...

... mehr als 5,3 Millionen Bundesbürger*innen innerhalb eines Jahres an einer Depression leiden? Die Depression gehört zu den häufigsten psychischen Erkrankungen in Deutschland.

Botenstoffe im Gehirn für ein besseres Lebensgefühl

Unsere Zellen in Gehirn und Nerven kommunizieren über Signalstoffe bzw. **Botenstoffe**, die auch als Neurotransmitter bezeichnet werden. Die wichtigsten Botenstoffe für eine gute Stimmung sind u. a. Serotonin, Dopamin, Noradrenalin und GABA (Gamma-Aminobuttersäure). Vereinfacht kann man sagen:

- **Serotonin** ist an der Regulierung der Stimmung mitbeteiligt und beeinflusst den Schlaf.
- **Dopamin** trägt dazu bei, dass wir Glücksgefühle empfinden können, und entspannt.
- **GABA** lässt uns weniger ängstlich und ruhiger werden.
- **Noradrenalin** macht konzentriert, wach und aktiv.

Emotionen, Antrieb, Interesse, Lust, Stimmung, Entspannung und Schlaf – alles hängt von den Neurotransmittern ab, die im Gehirn und Nervensystem wirken. Diese Botenstoffe bestimmen unsere Leistungsfähigkeit, unseren Umgang mit Stress und unsere Fähigkeit zu entspannen.

Die tägliche Nahrung liefert alle Bausteine, die unser Körper benötigt, um diese Signalstoffe bzw. Neurotransmitter in ausgewogener Form zu produzieren. Damit wird klar, dass unsere **Ernährung** all diese wichtigen Bausteine enthalten muss, damit unser Körper ausreichend Botenstoffe herstellen kann.

Wussten Sie, dass ...

... unsere Gefühle von sogenannten Neurotransmittern (Botenstoffen) im Gehirn gesteuert werden? Das Zusammenspiel von Serotonin, Dopamin, Noradrenalin und GABA erzeugt Freude, Wohlbefinden und Entspannung, aber auch Wut, Angst und Antriebslosigkeit.

Power-Organ Darm

Denkt man an Emotionen, denkt man unwillkürlich an das Gehirn und die Nervenbahnen. Das ist aber nicht ganz korrekt. Es gibt einen weiteren Ort, an dem diese Neurotransmitter ebenfalls in großer Menge ihre Wirkung entfalten: im Darm!

95 % des Serotonins werden im Darm produziert. Die meisten Botenstoffe, die zwischen Nerven und Gehirn vermitteln, findet man auch in der Darmwand. Man spricht daher auch vom „Bauchhirn“. Der Darm ist über einen sehr starken Nerv (***Nervus vagus***) direkt mit unserem Gehirn in Kontakt. Der „Funkkontakt“ zwischen Darm und Gehirn ist also ständig wirksam.

Unser Darm wird von vielen verschiedenen Bakterienarten besiedelt. Die überwiegende Zahl ist positiv. Man spricht von der **Darmflora**, die aus diesen Bakterien besteht und so stark besiedelt ist, dass sie ca. 1 Kilogramm unseres Körpergewichts ausmacht. Diese kleinen Bewohner schützen und pflegen die Darmwand, liefern Nährstoffe und produzieren sogar selbst Neurotransmitter (Serotonin, GABA, etc.) für unsere gute Laune. Dementsprechend wichtig ist auch hier wieder eine gesunde Ernährung, um den Darm und unsere Darmflora ebenfalls in Balance zu halten.

Wussten Sie, dass ...

... im Darm mehr Glücksbotenstoffe produziert werden als im Gehirn? Unsere Darmbakterien haben daran einen entscheidenden Anteil.

Die wichtigsten Nährstoffe für ein gutes Lebensgefühl

Komplexe Kohlenhydrate

Unser Körper ist wie ein Kraftwerk, das in fein aufeinander abgestimmten Prozessen Energie gewinnt, Leistung erbringt und sich stetig selbst erhält. Komplexe Kohlenhydrate wirken als „**Brennstoff**" für die Zellen, sie liefern langsam, aber stetig Energie. Unser Gehirn benötigt 500–600 kcal pro Tag, und das überwiegend durch Kohlenhydrate. Komplexe Kohlenhydrate werden langsam verdaut und gewährleisten so eine kontinuierliche Versorgung. Das ist für unseren Körper gesünder, als Kohlenhydrate in einfacher Zuckerform zu konsumieren. Daher dürfen vollwertiges Getreide, Reis, Kartoffeln, Wurzelgemüse etc. auf dem Speiseplan nicht fehlen.

Wussten Sie, dass ...

... unser Gehirn nur etwas mehr als ein Kilogramm wiegt, aber das „hungrigste" Organ des Körpers ist und somit am meisten Energie verbraucht?

Ballaststoffe

Ballaststoffe sind unverdauliche Fasern aus Pflanzen. Obwohl sie nicht verdaut werden können, sind sie für unsere Gesundheit sehr wichtig. Sie fördern das Kauen, unterstützen das **Sättigungsgefühl** und helfen, unseren **Blutzucker** zu regulieren. Besonders wichtig sind sie aber für unsere guten Darmbakterien, denn diese ernähren sich von Ballaststoffen. Wenn die Bakterien unverdauliche Ballaststoffe aufnehmen und zerlegen, bilden sie für unsere Darmzellen energiereiche Stoffe und viele verschiedene Botenstoffe, die unser Gehirn glücklich machen. Somit regen Ballaststoffe das Bakterienwachstum an und sorgen für eine gesunde Darmflora. Außerdem binden Ballaststoffe Wasser und machen den Stuhl so weicher bzw. ermöglichen eine regelmäßige Darmentleerung. Ballaststoffe können löslich (z. B. Pektin, Flohsamenschalen) oder unlöslich (z. B. Kleie, Gemüsefasern) sein.

Wussten Sie, dass ...

... Erwachsene mindestens 30 g Ballaststoffe pro Tag essen sollten? Noch besser wären sogar 40 g. Im Durchschnitt essen die Deutschen nicht mal 20 g Ballaststoffe pro Tag.

Gesunde Fette

Die Wände unserer (Gehirn-)Zellen bestehen weitestgehend aus ungesättigten Fettsäuren. Unser Gehirn besteht zu 60 % aus Fett. Besonders wichtig sind die **Omega-3-Fettsäuren** DHA (Docosahexaensäure) und EPA (Eicosapentaensäure). Sie sind entscheidend für die Bildung von Netzwerken zwischen den Gehirnzellen sowie für die Übertragung von Signalen.

Die Omega-3-Fettsäure DHA steuert u. a. die Funktion der Serotonin-Rezeptoren in den Zellwänden der Gehirn- und Nervenzellen. Ohne aktive Serotonin-Rezeptoren könnte das Serotonin seine antidepressive Wirkung nicht entfalten. Die Omega-3-Fettsäure EPA wiederum löst die Freisetzung von Serotonin aus, damit es wirken kann. Fisch, Nüsse,

Samen, pflanzliche Fette und Öle enthalten besonders viele der Omega-3-Fettsäuren.

Wussten Sie, dass ...
... unser Gehirn das fettreichste Organ des Körpers ist und viele ungesättigte Fettsäuren zum Überleben benötigt?

Eiweiß

Unser Körper könnte ohne Eiweiße und Aminosäuren nicht existieren. Wir benötigen **Proteine** als Bausteine für Gehirnzellen, Neurotransmitter, Muskeln, Haare, Haut, Organe, Hormone und Enzyme. Die im Eiweiß enthaltenen Aminosäuren sind Grundlage für die Botenstoffe in unserem Gehirn. Beispielsweise ist die Aminosäure Tryptophan die Vorstufe des Glücksbotenstoffs Serotonin. Die Aminosäure Phenylalanin wiederum ist der Grundbaustein für Dopamin (Belohnungsbotenstoff) und Noradrenalin (Konzentration und Aktivität).

Da Eiweiße also die Basis bilden für lebensnotwendige Funktionen im Körper, benötigt man etwa 0,8–1 g Protein pro kg Körpergewicht am Tag. Es gibt tierische (Fleisch, Fisch, Eier, Milchprodukte) und pflanzliche Eiweißquellen, wie z. B. Tofu oder Hülsenfrüchte.

Wussten Sie, dass ...
... ein Eiweißmangel zu Müdigkeit, depressiver Stimmung, Schlafstörungen, Leistungsverlust und anderen schwerwiegenden Symptomen führen kann?

Vitamine

Vitamine sind chemische Verbindungen, die Stoffwechselprozesse im Körper unterstützen, begleiten oder befeuern. Ohne Vitamine könnte die Bildung von Strukturen wie z. B. Knochen, Zähne, Immunsystem und Zellneubildung nicht funktionieren. Es gibt wasserlösliche Vitamine, dazu gehören die Vitamine des B-Komplexes und Vitamin C. Aber es gibt auch fettlösliche Vitamine, nämlich E, D, K und A, die man sich mit der Abkürzung „EDKA“ merken kann.

Die Vitamine des B-Komplexes und Vitamin D sind für unsere **seelische Gesundheit** besonders wichtig. In einigen Studien konnte nachgewiesen werden, dass depressive Proband*innen besonders profitieren, wenn die Versorgung mit den Vitaminen B1, B2, B6, Folsäure (B9) und B12 gut war. B-Vitamine unterstützen das Ruhe- und Wohlbefinden. Denn sie sind an der Bildung der Botenstoffe Serotonin und Dopamin beteiligt und unterstützen die Signalübertragung im Gehirn. Die Vitamine des B-Komplexes kommen vor allem in tierischen Lebensmitteln wie Fisch, Eiern, Fleisch und Milchprodukten vor, aber auch in Vollkorngetreide und Hülsenfrüchten. Achtung, das Vitamin B12 kommt ausschließlich in tierischen Lebensmitteln in ausreichenden Mengen vor!

Vitamin D ist ein extrem wichtiges Vitamin für unser seelisches Wohlbefinden. In neuesten Studien fand man heraus, dass sich das Risiko, an einer depressiven Verstimmung zu erkranken, bei einem niedrigen Vitamin-D-Spiegel fast verdoppelt. Je niedriger der Spiegel, desto ausgeprägter kann die Depression sein. Vitamin D wird hauptsächlich (zu 80 %) durch die UV-Strahlung der Sonne auf die Haut gebildet. Unsere Haut benötigt also **Sonnenlicht**, um Vitamin D zu bilden. Vitamin D kommt aber auch in verschiedenen Lebensmitteln vor. 20 % unseres Vitamin-D-Bedarfs decken wir durch Lebensmittel wie fette Fische (Lachs, Forelle, Hering, Makrele), Eigelb und Pilze.

Wussten Sie, dass ...

... wer depressiv ist oder unter Stimmungsschwankungen leidet, besonders gut auf die Vitamin-B- und Vitamin-D-Zufuhr achten muss?

Mineralstoffe und Spurenelemente

Mineralstoffe kommen in größeren Mengen im Körper vor und dienen als **Baustoffe**, regulieren Stoffwechselvorgänge und halten unseren Wasser-Salz-Haushalt im Gleichgewicht. Zu den Mineralstoffen gehören Natrium, Chlorid, Kalium, Kalzium, Magnesium, Phosphat und Sulfat.

Spurenelemente werden anorganische, chemische Stoffe genannt, die in sehr kleinen Mengen im Körper benötigt werden. Dazu zählen u. a. Eisen, Fluorid, Zink, Kupfer und Jod. Spurenelemente werden in Milligramm- oder Mikrogramm-Mengen gemessen.

Für die **Stabilität** unserer Psyche ist besonders der Mineralstoff Magnesium wichtig. Denn Magnesium ist an vielen wichtigen Stoffwechselfunktionen beteiligt, wie etwa bei der Übertragung von Signalen im Gehirn und zwischen Nervenzellen. Durch Magnesiummangel können psychische Beschwerden wie etwa Reizbarkeit oder Verwirrtheit auftreten. In einigen Studien wurde ein auffälliger Zusammenhang zwischen einem niedrigen Magnesiumspiegel und depressiven Verstimmungen beschrieben.

Wussten Sie, dass ...

... nicht nur Sportler*innen auf ihre Magnesiumzufuhr achten sollten? Auch, wer unter depressiven Verstimmungen leidet, muss den Magnesiumhaushalt in der Balance halten.

Die zwölf Hauptvitamine

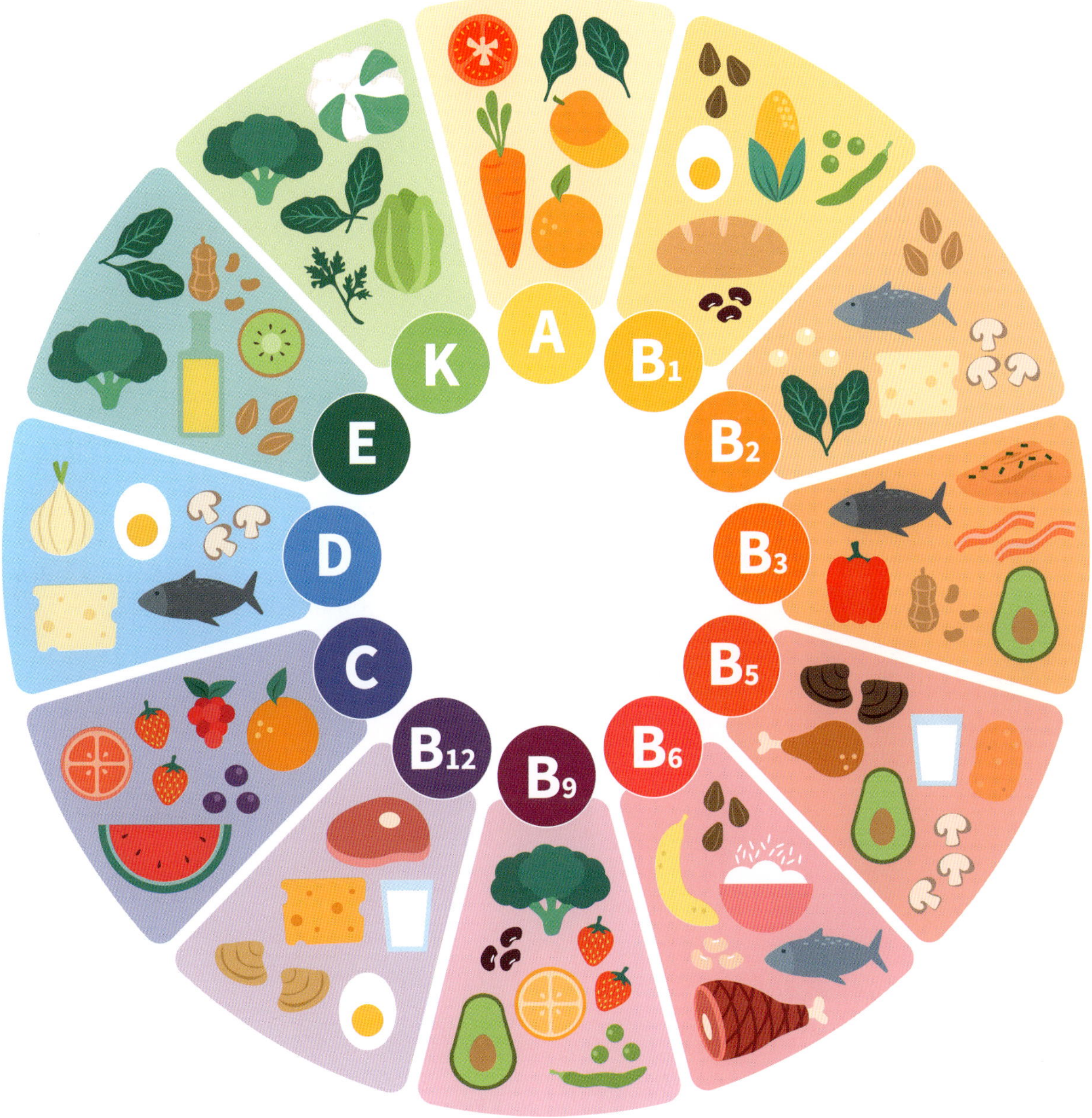

Kochen und Essen als Therapie

Depressive Patient*innen sind oft von Grübelgedanken und Konzentrationsproblemen gequält. Dagegen helfen **Achtsamkeitsübungen** und entspannende Ablenkung. Zudem fällt es ihnen schwer zu genießen, sich Zeit zu nehmen für sinnliche Erlebnisse oder einfach entspannt einer Tätigkeit nachzugehen. Innere Unruhe und Anspannung führt in ihrem Alltag oft zu Hektik und Ablenkbarkeit. Viele erleben sich dann als unproduktiv und leistungsschwach, was wiederum zu Selbstabwertung, Schuldgefühlen und Unzufriedenheit mit sich selbst führt.

In einer depressiven Phase ziehen sich Patient*innen oft von allem zurück, meiden soziale Kontakte, empfinden Menschenmengen als Belastung. Es ist daher therapeutisch wichtig, dass Betroffene wieder in kleinen Schritten zurückfinden in einen positiven, sozialen Alltag mit der Familie und Freund*innen. Gemeinsam kochen und essen ist hierbei eine große Unterstützung, führt zu schönen gemeinschaftlichen Erlebnissen und kann eine Quelle der Achtsamkeit, der **Lebensfreude** und des „Wieder-genießen-Lernens" sein.

Wussten Sie, dass …

… das Grübeln bei depressiven Verstimmungen sehr quälend ist und Betroffene sich schwer davon ablenken können? Bewusste Ablenkung mit einer meditativen Tätigkeit, bei der Achtsamkeit erforderlich ist, kann helfen.

Achtsam Lebensmittel auswählen und einkaufen

Die Auswahl des Rezeptes ist schon der erste Schritt hin zu einer Achtsamkeitsübung. Was möchte ich eigentlich kochen, worauf habe ich Lust? Welche Geschmackssinne möchte ich aktivieren? Hierfür muss man in sich hineinspüren, sich fragen, wie man sich gerade fühlt und was vielleicht guttun könnte. Auf diese Weise bewegen sich Betroffene ein Stück weit in Richtung **Selbstfürsorge**. Wer das Einkaufen und Essen gemeinsam mit anderen plant, tritt wieder in soziale Kontakte und wird mit Lebensfreude belohnt.

Auch der Einkauf kann dann zur Ablenkung und Entspannung genutzt werden. Natürlich sollte es kein hektischer Einkauf in überfüllten Supermärkten sein, sondern vielleicht ein entspannter Spaziergang über einen Markt, bei dem man Zeit einplant und auch mal eine Pause einlegt.

Wussten Sie, dass …

… viele depressive Patient*innen ein schlechtes Bild von sich selbst haben, sich unwichtig fühlen und daher keine Lust mehr verspüren, auf die eigenen Bedürfnisse zu achten? Kochen kann helfen, wieder Wünsche und Lust auf etwas zu wecken.

Dankbarkeit und Wertschätzung für Lebensmittel

„Lass die Nahrung deine Medizin sein und Medizin deine Nahrung!", riet Hippokrates von Kos bereits 400 v. Chr., ein Rat, der bis heute nichts von seiner Gültigkeit verloren hat. Daher sind die Qualität und die Herkunft der Lebensmittel sehr wichtig. Nur hochwertige und möglichst frische, naturbelassene Zutaten sind auch eine „gute Medizin".

Zur Achtsamkeit gehören bewusste Freude und Dankbarkeit für die guten Speisen, die die Natur uns schenkt. Bei der Zubereitung unserer Mahlzeit kann man voller **Wertschätzung** für die heilenden Nährstoffe sein. Eine gute und leckere Küche zeichnet sich also durch Rezeptideen aus, die nicht nur dem Körper guttun, sondern auch Herz und Seele befriedigen.

Wer sich entschließt, den Fokus auf das Schöne im Leben zu richten, z.B. auf das Essen, erweitert seine Perspektive. Wissenschaftler*innen bestätigen: Wer die kleinen Glücksmomente im Alltag wahrnimmt, gerät mit sich selbst in Einklang. Eine Voraussetzung für ein erfülltes Leben.

Wussten Sie, dass ...
... man in einer depressiven Phase oft die ganze Welt als grau und traurig wahrnimmt? Die Beschäftigung mit dem Schönen und Guten hilft, wieder mit einem positiveren Blick in die Welt zu schauen.

Qualität – nur das Beste für sich selbst

In einer depressiven Phase fühlen sich viele wertlos und schlecht. Die Selbstfürsorge und Selbstliebe treten immer mehr in den Hintergrund bis hin zu einer Vernachlässigung der Körperpflege und des Essens. Vieles bleibt auf der Strecke. Es ist jedoch sehr wichtig, die Selbstfürsorge wieder zu aktivieren. Das beste Essen, das leckerste Gericht, sollten gerade gut genug sein. Wer sich selbst liebt, gönnt sich das Beste von Herzen.

Sich liebevoll um sich selbst zu kümmern und Verständnis und Akzeptanz für die eigenen Gefühle zu entwickeln, schafft **Nähe** zu sich selbst. Selbstempathie und achtsame Präsenz sind die Voraussetzung für innere Verbundenheit, tiefe Freude und Lebensglück. Das fängt schon beim Kochen und Essen an.

Wussten Sie, dass ...
... man in Irland sagt: „Das Lachen ist am schönsten, wo das Essen am besten ist“?

Kochen braucht Zeit und Passion

Kochen erfordert viele verschiedene Arbeitsschritte, Konzentration und Aufmerksamkeit. Damit es eine Achtsamkeitsübung wird, also antidepressive Effekte für die Psyche ermöglicht, benötigen alle Handlungen Ruhe und Zeit. Auch scheinbar Unwichtiges, wie Rühren, Schnippeln oder Gemüsewaschen können bewusst und fokussiert durchgeführt werden, sodass die Gedanken zur Ruhe kommen. Kochen hat dann einen meditativen Effekt auf unser Gehirn und damit auf unser **seelisches Wohlbefinden**. So findet man aus Unruhe, Anspannung und Grübeln zu innerer Gelassenheit bis hin zu Freude und Hingabe. Wem es gelingt, beim Kochen innerlich los- und sich emotional auf den Prozess einzulassen, kocht mit Liebe und Passion. Das wird man am Ende auch schmecken können.

Das gemeinsame Einkaufen, Vorbereiten und Kochen ist ein positives soziales Erlebnis. Damit hilft es depressiven Menschen, wieder zurück in die Familie und den Freundeskreis zu finden. Ohne anstrengende Gespräche und ohne erschöpfende Aktionen bietet gemeinsames Kochen Gelegenheit, in kleinen Schritten wieder mit Freude am Leben teilzunehmen.

Wussten Sie, dass ...

... ein typisches Symptom in einer depressiven Phase der Rückzug von sozialen Ereignissen ist? Freund*innen treffen, Hobbys nachgehen oder mit der Familie etwas unternehmen wird in einer Depression als anstrengend und quälend empfunden. Umso wichtiger ist es, wieder den Weg in die Gemeinschaft zu finden.

Achtsames Essen

Widmen Sie der Mahlzeit Ihre uneingeschränkte **Aufmerksamkeit**. Essen Sie nicht nebenbei, lassen Sie den Fernseher aus, legen Sie das Handy beiseite und konzentrieren Sie sich nur auf das, was auf Ihrem Teller liegt.

Eine Mahlzeit lässt sich mit fast allen Sinnen erleben: Wir sehen das Gericht, riechen und schmecken, was wir zubereitet haben. Unser Geruchssinn ist ein sehr ursprünglicher, archaischer Sinn. Beim Sehen, Hören oder Spüren erfolgt die Reizverarbeitung über evolutionsgeschichtlich neuere Gehirnanteile – das Großhirn. Aber der Geruchssinn wirkt direkt auf unsere archaischen Hirnareale (limbisches System), wo Emotionen und Triebe direkt verarbeitet werden. Daher sind früher erlebte Gerüche auch sofort mit Erinnerungen und Emotionen verbunden. Wir riechen etwas und, ohne nachzudenken, fallen uns emotionale Geschichten aus unserer Vergangenheit ein.

Dann kommt beim Essen unser Geschmackssinn hinzu. Unsere Zunge hat etwa 10.000 Geschmacksknospen, die salzig, süß, sauer, bitter und umami wahrnehmen können. Umami ist ein Geschmack, der als „fleischig-würzig" beschrieben werden kann.

Wussten Sie, dass ...

... „Geschmack" eigentlich eine Kombination aus verschiedenen Sinneseindrücken ist? Die Zunge schmeckt, aber die Nase nimmt das Aroma dazu auf. Erst dann entsteht das Gesamterlebnis des Schmeckens.

Wie gestalte ich eine gesunde Mahlzeit?

Empfohlen werden drei Hauptmahlzeiten am Tag, wobei das Abendessen die kleinste Mahlzeit sein sollte. Zwischen den Mahlzeiten kann ein kleiner Snack helfen, ein Tief zu überbrücken. Die Zusammenstellung einer der Hauptmahlzeiten erfordert aber ein bisschen Aufmerksamkeit. In der Wissenschaft spricht man oft vom sogenannten „gesunden Teller". Damit ist die Zusammenstellung der Portionen einzelner Lebensmittel gemeint. Also, wie viel Getreide, Fleisch oder Fisch, Fett und Gemüse oder Obst gehören auf einen solchen Teller?

Die Hälfte eines „**gesunden Tellers**" sollte aus Obst, Gemüse oder Salat bestehen. Dabei gilt der Satz: „Iss bunt!", damit viele verschiedene Mikronährstoffe in den Mahlzeiten vorkommen. Ein Viertel des „gesunden Tellers" besteht aus guten Eiweißquellen, wie Hülsenfrüchten, Fisch, magerem Fleisch, Eiern, aber auch aus Nüssen und Samen. Das letzte Viertel des Tellers wird dann mit Vollkorngetreide wie Vollkornweizen, Hirse, Dinkel, Hafer, braunem Reis, Amaranth oder Quinoa gefüllt. Ein Esslöffel hochwertiges Pflanzenöl darf noch dazu.

Durststillende Getränke sollten frei von Zucker oder Zusatzstoffen sein, wie z. B. Wasser oder ungesüßte Tees.

Stimmungsmacher: Gemüse, Obst & Pilze

Der größte Teil einer Mahlzeit (etwa die Hälfte) sollte aus Gemüse, Salat, etwas Obst und Pilzen bestehen. Diese Lebensmittel sind ballaststoffreich und enthalten viele verschiedene Nährstoffe, die unserer Psyche guttun. Manche Sorten enthalten auch Tryptophan, die Vorstufe des Wohlfühl-Botenstoffs Serotonin.

- Bananen, Ananas und Pflaumen, aber auch Kartoffeln und Fenchel liefern viel **Tryptophan**.
- Datteln und Feigen sind reich an **Magnesium** und heben die Stimmung.
- Avocado enthält wertvolle **Omega-3-Fettsäuren** und hilft beim Aufbau von Gehirnzellen und Glücksbotenstoffen.
- Frische Beeren unterstützen durch ihren Reichtum an **Spurenelementen** und **Vitaminen** die Bildung von Dopamin, Serotonin und Noradrenalin.
- Kohl, Rüben, Kohlrabi und Brokkoli, Blumenkohl, Rosenkohl, Senfblätter, Wasserkresse und Spinat fördern die **Konzentration** und das Wohlbefinden.
- Andere Gemüse, die unser Gehirn in **Balance** bringen, sind Möhren, Zwiebeln, Spargel, Sprossen und Kopfsalat.

Grundsätzlich sollte man aber so abwechslungsreich und bunt wie möglich essen. Alle Obst- und Gemüsesorten sind in irgendeiner Weise hilfreich, weil sie mit ihren vielen Nährstoffen in jedem Fall für alle Stoffwechselprozesse in unserem Gehirn und Nervensystem unterstützend sind.

Pilze sind – bezogen auf die Psyche – besonders interessante Lebensmittel. Sie enthalten viel Eiweiß, sind kalorienarm, aber voller Aminosäuren und Nährstoffe, die unser Gehirn füttern. Neuere Studien haben u. a. gezeigt, dass ein regelmäßiger Verzehr von Speisepilzen, wie z. B. Champignons, gut für das Gedächtnis ist und die Neubildung von Gehirnzellen fördert. Auch Pilzsorten wie Pfifferlinge, Steinpilze und Speisemorcheln sind gut gegen schlechte Laune.

Kohlenhydrate: Getreide & Co.

Das Gehirn benötigt viel Energie in Form von Kohlenhydraten. Kohlenhydratreiche Lebensmittel lösen eine Dopaminausschüttung im Gehirn aus und erzeugen so schnell Wohlbefinden. Leicht verdauliche Kohlenhydrate wie der übliche Zucker, wie er in Softgetränken und Süßigkeiten vorkommt, verursachen einen schnellen Kick für unser Gehirn, der aber genauso schnell wieder verfliegt. Die Stimmung wird also nur kurzfristig gehoben. Ein stetiger, gleichmäßiger Zustrom an gesunden Kohlenhydraten ist für die psychische **Ausgeglichenheit** langfristig viel besser. Daher sind sogenannte komplexe (schwer verdauliche) Kohlenhydrate gesünder. Je ursprünglicher und weniger verarbeitet eine Kohlenhydratquelle ist, desto komplexer ist sie und desto mehr antidepressive Stoffe stellt sie bereit. Vollkorngetreide ist außerdem reich an B-Vitaminen, Spurenelementen und Ballaststoffen. Gute Kohlenhydrate bekommt man durch Getreide, Kartoffeln und einige Obstsorten (siehe Seite 21) sowie Hülsenfrüchte. Hierbei ist aber auch Abwechslung wichtig.

In unserer Gesellschaft wird überwiegend Weizen als Kohlenhydratquelle genutzt. Es wäre gesünder, verschiedene Getreidearten zu verwenden. Hafer, Quinoa, Hirse, Reis, Amarant, Buchweizen und Mais sind ebenfalls gute Energielieferanten für unser Gehirn. Besonders wertvoll sind auch Hülsenfrüchte. Sie enthalten neben den komplexen Kohlenhydraten auch viel gesundes Eiweiß. Zudem sind sie reich an Spurenelementen wie Eisen. Alle Sorten und Farben von Linsen, Bohnen und Erbsen dürfen auf dem „gesunden Teller“ liegen. Trotzdem darf die Kohlenhydratmenge nicht zu umfangreich sein. Ein Viertel einer Mahlzeit ist ausreichend.

Tierische und pflanzliche Eiweißlieferanten

Ein Mangel an Eiweiß führt zu Müdigkeit, Konzentrations- und Leistungsverlust, Kraftlosigkeit und Erschöpfung. Auch die seelische Befindlichkeit wird leiden. Denn Eiweiß bzw. dessen Bestandteile, die Aminosäuren, werden überall im Körper gebraucht, nämlich als Bausteine und als Botenstoffe. Eine ausreichende Versorgung mit Eiweiß ist also existenziell bei einer depressiven Verstimmung. Ein erwachsener Mensch benötigt etwa 0,8–1 g Eiweiß pro Kilogramm seines Normalgewichts. Eine Person, die z. B. 60 kg wiegt, benötigt also 48 g Eiweiß pro Tag, eine sehr große, kräftige Person von z. B. 90 kg Körpergewicht, würde hingegen 72 g Eiweiß am Tag benötigen.

Man kann in Tabellen leicht nachlesen, welche Lebensmittel wie viel Eiweiß enthalten. Es gibt sehr gute, pflanzliche Eiweißquellen wie Hülsenfrüchte aller Arten. Linsen, Kichererbsen und Bohnen in allen Farben sind sehr zu empfehlen. Produkte aus Soja, wie z. B. Tofu, oder aus Lupinen können als Ersatz für Milchprodukte oder Fleisch eingesetzt werden. Heute gibt es in jedem gut sortierten Supermarkt alle möglichen pflanzlichen Eiweißlieferanten, sodass auch Vegetarier*innen und Veganer*innen hier nicht zu kurz kommen.

Tierische Eiweißquellen sind Milchprodukte, Eier, Fleisch und Fisch. Viele Studien weisen inzwischen darauf hin, dass der Fleischkonsum nicht zu hoch sein sollte.

Milchprodukte aller Art sind empfehlenswerte Eiweißquellen, vorausgesetzt, man verträgt sie gut. Immer mehr Menschen stellen fest, dass sie Probleme haben bei der Verdauung von Milchprodukten, was sich neben Magen-Darm-Beschwerden auch in Form von Müdigkeit und Erschöpfung zeigen kann. Wenn man Milchprodukte gut verträgt, dann sollte man für eine glückliche Stimmung besonders Käse bevorzugen, denn Camembert und Gouda enthalten Tryptophan, die Vorstufe unseres Glückshormons Serotonin.

Eine umfangreiche Übersichtsstudie ergab, dass Menschen in Europa, die viel Fisch essen, um etwa 20% weniger an Depressionen erkranken. Ein- bis zweimal pro Woche Fisch zu verzehren, ist daher durchaus empfehlenswert. Die Deutsche Gesellschaft für Ernährung (DGE) rät hingegen eindringlich, pro Woche nicht mehr als 300 bis max. 600 g Fleisch (inklusive Wurst- und anderer Fleischerzeugnisse) zu essen. Gerade bei Depressionen, aber auch bei Demenzerkrankungen und Alterungsprozessen lassen neuere Untersuchungen auf Vorteile einer fleischärmeren, dafür aber fisch- und pflanzenproteinreicheren Ernährung schließen. Pflanzliche Alternativen sind zudem ballaststoffreich und reich an Vitaminen sowie Spurenelementen.

Für die Fleisch- und Fischmahlzeiten sind mageres Fleisch (z.B. Steak, Lammfilets, Geflügelbrust) oder Innereien wie Leber und fetter Fisch wie z.B. Lachs, Hering, Makrele, Thunfisch, Sardinen oder Aal besonders empfehlenswert. Übrigens: Wer Leber mag, erhält durch den Verzehr auch besonders viel Vitamin D und B-Vitamine für eine gute Stimmung. In den fettreichen Fischsorten sind außerdem die guten Omega-3-Fettsäuren in hoher Dosis enthalten, sodass unser Gehirn besonders profitiert.

Ein Wort zum Verzehr von Eiern. Viele Jahre waren Eier in Verruf geraten, weil sie den Cholesterinspiegel negativ beeinflussen können. Heute sieht man das nicht mehr ganz so kritisch. Die Empfehlung lautet: Bis zu drei Eier wöchentlich sind erlaubt und haben in dieser Menge keinen negativen Einfluss auf die Blutfettwerte.

Ein Viertel eines „gesunden Tellers“ sollte aber in jedem Fall täglich eine gute Eiweißquelle enthalten.

Und noch mehr Gute-Laune-Macher

Nüsse, Samen & Kerne

Nüsse, Samen oder Kerne sollten bei keiner Mahlzeit fehlen. Besonders reich an guten Fettsäuren, Vitaminen und Spurenelementen sind Kürbiskerne, Walnusskerne, Pekannusskerne, Pinienkerne, Sonnenblumenkerne und Weizenkeime.

Leinsamen und Chiasamen sind außerdem tolle Ballaststofflieferanten, die den Darm in Schwung bringen und unsere Darmflora unterstützen. Trotzdem reicht eine kleine Menge (ein bis zwei Esslöffel) am Tag aus, um den Bedarf zu decken.

Pflanzenöle

Die meisten qualitativ hochwertig gewonnenen Pflanzenöle dienen als gute Quelle für die existenziell wichtigen Omega-3-Fettsäuren. Da unser Körper diese Fettsäuren nicht selbst herstellen kann, ist es wichtig, bei den Mahlzeiten etwa einen Esslöffel eines guten Pflanzenöls zu verzehren. Besonders gut ist Rapsöl, denn es enthält sehr viele Omega-3-Fettsäuren und viele wertvolle Vitamine. Aber auch Olivenöl, Walnussöl oder Leinöl dienen als gute Quelle für gesunde Fette.

Kräuter & Gewürze

Seit Jahrtausenden werden Kräuter und Gewürze in der Volksmedizin verwendet. Je nach Beschwerden werden besondere Gewürz- oder Kräutermischungen empfohlen. Kräuter und Gewürze enthalten eine unglaubliche Vielzahl an sogenannten sekundären Pflanzenstoffen, Vitaminen und Spurenelementen, deren Wirkung teilweise noch nicht vollständig

erforscht ist. Bei Erkrankungen, die die Stimmung betreffen, wie depressiven Verstimmungen, Angst und Gereiztheit, werden besonders intensive bzw. scharfe Gewürze empfohlen, wie Ingwer, Kurkuma, Koriander und Chili. Aber auch Safran und Knoblauch sollen eine **positive Wirkung** auf die Stimmungslage haben. Unser Geschmackssinn ist zudem sehr intensiv mit den emotionalen Gehirnarealen verbunden, sodass „Schmecken" unser Gehirn positiv stimmen und anregen kann. Eine antidepressive Mahlzeit sollte also immer gut gewürzt sein.

Kakao und dunkle Schokolade

Tatsächlich ist Kakao ein sehr wertvolles Lebensmittel. Er enthält neben den anregenden, konzentrationsfördernden Bitterstoffen auch gute Öle und Tryptophan, die Vorstufe des Serotonins. Unser Gehirn mag Kakao also. Aber es ist der sogenannte Backkakao gemeint, nicht die mit Zucker versetzten Fertigkakao-Mischungen. Für die Zubereitung eines leckeren Kakaogetränks ist also der Backkakao, der im Supermarkt bei den Backzutaten steht, am besten.

Wer gerne Schokolade isst, darf sich ebenfalls freuen, denn Schokolade macht **glücklich**. Allerdings gilt das nur für sogenannte Bitterschokolade mit mind. 60 % Kakaoanteil. In einer südkoreanischen Studie wurde nachgewiesen, dass sich die Stimmung nach dem Konsum von Bitterschokolade bereits nach drei Wochen um 20 % verbessert. Trotzdem ist Schokolade immer noch ein Genussmittel und sollte nur in kleinen Mengen auf dem Speiseplan stehen.

Welche Lebensmittel sind eher Stimmungskiller?

Es gibt nicht nur Lebensmittel, die die Stimmung ausgeglichen halten bzw. heben, nein, es gibt auch einige, die die gute Laune so richtig in den Keller ziehen können.

Zucker

Zucker ist problematisch für die Gesundheit. Wenn wir Zucker essen, setzt unser Gehirn sehr schnell Glückshormone frei. Daher lieben Menschen Zucker in Speisen und Getränken. Die Lebensmittelindustrie nutzt dieses Wissen zu ihrem Vorteil und verwendet Zucker als billigen und haltbaren Rohstoff.

Leider hat Zucker aber viele negative Effekte auf unseren Stoffwechsel. Unter Zucker verstehen wir einfache, leicht verdauliche Kohlenhydrate, die vom Körper sehr schnell aus dem Blut in die Zellen aufgenommen werden können. In der Folge steigt der Insulinspiegel rasant an. Das Hormon Insulin wird von der Bauchspeicheldrüse produziert und sorgt für den Aufbau von Fettgewebe. Durch den sehr schnellen Blutzuckeranstieg kommt es außerdem leider nach kurzer Zeit wieder zu Appetit und es kann ein Teufelskreis aus Naschen und Heißhunger entstehen.

Zucker ist außerdem ein „Vitamin-Räuber" und führt zum Verlust von Mikronährstoffen durch Irritationen im Energiestoffwechsel. So verbraucht der Körper bei der Verstoffwechslung von Zucker besonders viel Magnesium, Vitamine aus dem B-Komplex und Vitamin C. Zucker selbst wiederum liefert keine Vitalstoffe, sondern nur „leere Kalorien". Durch erhöhten Zuckerkonsum kann also ein Nährstoffdefizit entstehen.

In Industrie- und Fertigprodukten wird vor allem Saccharose (Haushaltszucker) genutzt, die aus den beiden Zuckern Glukose und Fruktose besteht. Glukose setzt vor allem Insulin frei, Fruktose belastet über verschiedene Stoffwechselwege die Leber und führt im schlimmsten Fall zu einer Fettleber und unangenehmem Bauchfett. Zu guter Letzt zeigen aktuelle Studien und Forschungsarbeiten, dass Zucker Entzündungsprozesse im Körper befeuert und die Zellalterung vorantreibt.

Also: Augen auf beim Zuckerkonsum! Zucker steckt nicht nur in Süßigkeiten und Softdrinks, sondern auch in Lebensmitteln wie Dosengemüse, Müsli, Müsliriegel, Rotkohl, getrocknetem Obst, Fruchtjoghurt oder Ketchup.

Wussten Sie, dass …

… Menschen, die mehr als 67 g Zucker pro Tag verzehren (das entspricht ca. 13 Teelöffel Zucker) ein um 23 % höheres Risiko haben, an einer Depression zu erkranken, als Personen mit einem geringeren Zuckerkonsum (weniger als 40 g pro Tag)? Achtung: Eine kleine Dose Cola enthält 35 g Zucker (ca. 7 Teelöffel)!

Gesättigte Fettsäuren und trans-Fettsäuren

Es ist allgemein anerkannt, dass gesättigte Fettsäuren den Cholesterinspiegel negativ beeinflussen. Vor allem das (schlechte) LDL-Cholesterin wird durch gesättigte Fettsäuren stärker erhöht als durch andere Fette. Gesättigte Fette, wie z. B. in rotem Fleisch, Butter, Käse oder auch einigen pflanzlichen Fetten wie Palmöl und auch dem oft so sehr gelobten Kokosöl, sind in größeren Mengen daher als schädlich für Herz und Kreislauf einzustufen. Ungesättigte Fettsäuren dagegen haben weniger Einfluss auf das LDL-Cholesterin und gelten daher als gesund.

Besonders kritisch muss man die sogenannten trans-Fettsäuren betrachten. Diese sind chemisch veränderte (transformierte), ungesättigte Fettsäuren. Durch die chemische Veränderung der Konfiguration des ursprünglich gesunden Fettmoleküls entsteht ein für den Körper schädlicher Stoff. In großen Mengen entstehen trans-Fettsäuren durch starkes Erhitzen von Speisen (grillen, braten, frittieren, industrielle Bearbeitung). So führt beispielsweise die Herstellung von manchen Margarinen durch starke Bearbeitung von eigentlich pflanzlichen, gesunden, ungesättigten Fettsäuren zu einer Verwandlung in schlechte trans-Fettsäuren. Trans-Fettsäuren sind so schädlich, dass sie sogar per Gesetz in Produkten nur in sehr geringen Mengen vorkommen dürfen. Wenn man zu Hause selbst grillt oder frittiert, lässt sich das aber nicht kontrollieren, daher sollte man nicht zu viele dieser Lebensmittel verzehren.

Eine Studie mit 140.000 Teilnehmer*innen ergab auch Hinweise auf einen negativen Einfluss von schlechten Fetten auf die mentale Gesundheit. Der regelmäßige Verzehr von frittierten Lebensmitteln wie Pommes frites und anderen frittierten Kartoffelprodukten steigerte signifikant das Risiko, an einer Depression oder Angststörung zu erkranken.

Wussten Sie, dass …

… der Verzehr von ungesunden Fetten und vor allem trans-Fettsäuren in epidemiologischen Studien auf ein hohes Risiko bei der Entstehung einer koronaren Herzkrankheit und psychischen Erkrankungen schließen lässt?

Salz

Die Deutsche Gesellschaft für Ernährung (DGE) empfiehlt, täglich nicht mehr als 6 g Salz zu verzehren. Das entspricht etwa einem Teelöffel Salz. Leider sind vor allem in Fertiggerichten und Produkten wie Wurst, Käse, Saucen, Schinken und sogar in Keksen ziemliche Mengen Salz versteckt. Im täglichen Verzehr verschiedenster Speisen kommt man also schnell über einen Teelöffel hinaus. Die tägliche Salzaufnahme beträgt daher in Deutschland leider bei Frauen durchschnittlich ca. 8 g und bei Männern ca. 10 g. Lassen Sie den Salzstreuer links stehen und greifen Sie zu Gewürzen. Kurkuma, Kreuzkümmel, Zimt, Paprikapulver, Muskat, Chili, Fenchel, Knoblauch, Pfeffer, Ingwer, Bockshornklee – bei einer solchen Geschmacksvielfalt werden Sie das Salz garantiert nicht vermissen. Doch Vorsicht: Verwenden Sie keine Gewürzmischungen, in ihnen steckt nahezu immer Salz.

Viele Menschen leiden unter Bluthochdruck durch zu hohen Salzverzehr, und auch das Risiko für Herz-Kreislauf-Erkrankungen steigt durch Salzkonsum signifikant an. Auch die Nieren leiden, wenn sie überschüssiges Salz ausscheiden müssen. Da Salz ein Konservierungsstoff ist, der Bakterien in Schwierigkeiten bringen kann, leidet leider auch die für unseren Darm gesunde Bakterienbesiedelung, das Darmmikrobiom.

Wussten Sie, dass …

… ein durchschnittliches Brot pro 100 g schon 1–1,5 g Salz enthält? Mit 3–4 Scheiben Brot hätte man also schon fast die Hälfte der täglich empfohlenen Salzmenge erreicht.

Der gesunde Teller

„Iss bunt!" Die Hälfte des „gesunden Tellers" sollte aus Obst, Gemüse oder Salat bestehen, ein Viertel aus guten Eiweißquellen und ein Viertel aus Vollkorngetreide. Ein Esslöffel hochwertiges Pflanzenöl darf noch dazu und Wasser oder ungesüßte Tees.

Fleisch & Wurst

Viele Studien, darunter welche mit bis zu 120.000 Teilnehmer*innen, ergaben, dass Menschen mit erhöhtem Fleisch- und Wurstkonsum häufiger an Diabetes mellitus Typ 2 und an Darmkrebs erkranken. Es ist noch nicht vollständig geklärt, welche Faktoren ursächlich sind, aber man vermutet, dass der hohe Nitrat- und Nitritgehalt, der hohe Gehalt an schlechten Fetten und die großen Salzmengen in Fleisch und Fleischprodukten die Entstehung von Diabetes, Bluthochdruck und Gelenkerkrankungen begünstigt.

Fleischprodukte wie z. B. Wurstwaren werden mit Nitriten und Nitraten zum einen haltbar gemacht, zum anderen behalten sie dadurch ihre rote Farbe. Man weiß heute aber, dass Nitrite und Nitrate den Zucker-Insulin-Haushalt des Körpers durcheinanderbringen und so zu Stoffwechselstörungen führen können.

Wer an Rheuma und entzündlichen Gelenkbeschwerden leidet, dem rät man übrigens schon seit Jahrzehnten, auf Fleisch, insbesondere Schweinefleisch, zu verzichten, denn Fleisch und Fleischprodukte enthalten entzündungsfördernde Stoffe (z. B. Arachidonsäure), die bestehende Entzündungen verschlechtern können. Wer zu viel Fleisch konsumiert, hat auch ein erhöhtes Risiko, an einer Depression zu erkranken bzw. eine Depression zu verschlechtern.

Natürlich ist Fleisch vor allem, wenn es naturbelassen und mager ist, nicht ungesund, denn es enthält auch für uns wichtige Nährstoffe und Vitamine. Trotzdem empfiehlt die DGE nicht mehr als 300–600 g Fleisch pro Woche zu verzehren. Auch eine fleischlose Ernährung ist möglich und kann genauso gesund sein wie eine Ernährung mit Fleisch.

Wussten Sie, dass …
…Wissenschaftler*innen davon ausgehen, dass 50 g verarbeitetes Fleisch täglich das Darmkrebsrisiko um ca. 18 % steigern kann?

Alkohol

Alkohol ist ein Zellgift, das jedes Organ schädigt. Nicht nur die Leber leidet unter zu hohem Alkoholgenuss, auch die Zellen des Herzens, des Nervensystems, des Gehirns, des Magen-Darm-Trakts etc. Neuere Studien weisen darauf hin, dass es keine Menge des Alkoholkonsums gibt, die man als „unbedenklich" bezeichnen kann. Die alten Richtwerte, nach denen 10 g Alkohol pro Tag für Frauen und 20 g für Männer „OK" seien bzw. Rotwein angeblich gesundheitsfördernd sei, sind inzwischen nicht mehr aktuell.

Außerdem ist es wissenschaftlich erwiesen, dass regelmäßiger Alkoholkonsum Depressionen auslösen bzw. verstärken kann. Zwar wirkt Alkohol im ersten Moment angstlösend und entspannend, führt aber langfristig in eine depressive Verstimmung. Denn Alkohol greift massiv in die Reizübermittlung und die Signalstoffe des Gehirns ein und bringt den Stoffwechsel durcheinander. Zudem schädigt Alkohol das Gedächtnis und die Konzentration.

Zudem wird empfohlen, mindestens 2–3 Tage in der Woche gar keinen Alkohol zu trinken.

Wussten Sie, dass …
… es keinen risikofreien Alkoholkonsum gibt, sondern nur einen risikoarmen Konsum? Für Frauen sind das 10–12 g reiner Alkohol, für Männer 20–24 Gramm pro Tag. Das entspricht ungefähr 100 ml Wein für Frauen und 200 ml Wein für Männer.

Kochen und Ernährung – ein Ausblick

In vielen Studien wurde nachgewiesen, dass eine gesunde und ausgewogene Ernährung die mentale Gesundheit positiv beeinflussen kann. Trotzdem wird die Ernährung der Patient*innen bei der Anamnese und Therapie psychischer Erkrankungen immer noch viel zu wenig beachtet. Es sollte in einem Anamnesegespräch neben den Lebensgewohnheiten und dem sozialen Umfeld auch nach den Ernährungsgewohnheiten gefragt werden. Gerade da bekannt ist, dass eine Pharmakotherapie (eine Behandlung mit Arzneimitteln) ebenfalls besser wirksam ist, wenn die Versorgung mit Vitaminen und Spurenelementen ausreichend ist.

Mentale Gesundheit wird von vielen Faktoren beeinflusst. Neben genetischen und biografischen Einflüssen spielen Bewegung, das soziale Umfeld und eben auch die tägliche Zufuhr an Nährstoffen eine große Rolle. Unsere Lebensmittel sollten entsprechend gewürdigt und zelebriert werden. Wenn wir in der Zukunft mit noch mehr Achtsamkeit qualitativ hochwertige Lebensmittel auswählen und genießen, werden wir viel für unsere Seele und unsere Umwelt tun.

Rezepte

Eine Mahlzeit ist so viel mehr als bloße Nahrungsaufnahme. Schon die achtsame Auswahl und Zubereitung eines Rezeptes kann therapeutische Wirkung haben – die Konzentration auf die Zutaten und Vorbereitungen, die Kreativität bei der Umsetzung haben einen Mehrwert für die Seele. Das bewusste Essen im Anschluss kann ein weiterer Schritt sein in Richtung Loslassen, Entspannen, Genießen und positiv erlebte Alltagsmomente und Sozialkontakte ermöglichen.

2 PORTIONEN

Buchweizenpfannkuchen

mit Beeren

Buchweizen hat einen hohen Energiegehalt und ist reich an dem antioxidativ wirksamen Zellschutzstoff **Rutin**, an **B-Vitaminen** und mehrfach **ungesättigten Fettsäuren**. Zusammen mit dem gesunden Rapsöl und den vitaminreichen Beeren gibt es dem Gehirn den Schwung, den es braucht.

Zutaten

120 g Buchweizenmehl

1 Ei (Größe M)

180 ml Milch

1 EL Honig

Meersalz

200 g Erdbeeren (oder andere Beeren der Saison)

1 EL Rapsöl

100 g griechischer Joghurt

Zubereitung

1 Das Buchweizenmehl mit Ei, Milch, Honig und 1 Prise Salz in einer Schüssel zu einem glatten Teig verrühren und 10 Minuten quellen lassen. Solange die Erdbeeren verlesen, putzen, waschen und je nach Größe halbieren oder vierteln.

2 Die Hälfte des Öls in einer beschichteten Pfanne erhitzen. Die Hälfte des Pfannkuchenteiges hineingießen und durch Schwenken der Pfanne gleichmäßig verteilen. Den Pfannkuchen so lange backen, bis er sich vom Boden löst, ca. 3–4 Minuten, dann vorsichtig mithilfe eines Küchenspatels wenden und ca. 3–4 Minuten von der anderen Seite backen.

3 Den Pfannkuchen auf einen Teller gleiten lassen. Die Hälfte der Erdbeeren darauf verteilen und die Hälfte des Joghurts daraufgeben. Den Pfannkuchen zusammenklappen und servieren. Aus dem restlichen Teig in dem übrigen Öl einen weiteren Pfannkuchen auf die gleiche Weise zubereiten und servieren.

2 PORTIONEN

Vollkornbrot
mit Rührei & Avocado

Avocados enthalten **Lutein**, ein Carotinoid, das die Gehirnfunktion, die Stimmung und die Konzentrationsfähigkeit verbessern kann. Die wertvollen Proteine aus dem Hühnereiweiß helfen zusätzlich beim Aufbau neuer Zellen.

Zutaten

1 Avocado
1 TL Zitronensaft
2 Eier (Größe M)
Meersalz
frisch gemahlener Pfeffer
1 EL Rapsöl
2 Scheiben Vollkorntoast
½ Beet Kresse

Zubereitung

1 Die Avocado halbieren, den Kern entfernen und das Fruchtfleisch mit einem Löffel aus der Schale lösen. Die Avocado in dünne Scheiben schneiden, auf einen Teller legen und die Schnittflächen mit Zitronensaft beträufeln, damit sie nicht braun werden.

2 Die Eier in einer Schüssel verquirlen und mit ½ Teelöffel Salz und 1 Prise Pfeffer würzen. In einer Pfanne das Öl erhitzen und die Eimischung hineingießen. Unter Rühren stocken lassen.

3 Inzwischen den Toast goldbraun toasten. Das Rührei gleichmäßig auf den getoasteten Brotscheiben verteilen und mit Avocado belegen. Mit Salz und Pfeffer würzen, mit Kresse garnieren und servieren.

2 PORTIONEN

Rührei
mit Gemüse

In diesem Gericht punktet besonders der Käse, denn Gouda liefert **Tryptophan**, die Vorstufe für das Glückshormon Serotonin. Natürlich tragen auch frische Petersilie und Gemüse zur guten Stimmung bei.

Zutaten

1 gelbe Paprika
1 kleine Zucchini
50 g Spinat
2 Eier (Größe M)
Meersalz
frisch gemahlener Pfeffer
1 EL Rapsöl
50 g Gouda
1 EL gehackte Petersilie

Zubereitung

1 Die Paprika und die Zucchini putzen, waschen und in ca. 1 cm große Würfel schneiden. Den Spinat verlesen, waschen, abtropfen lassen und grob hacken.

2 Die Eier in einer Schüssel mit ½ Teelöffel Salz und 1 Prise Pfeffer würzen. Das Öl in einer beschichteten Pfanne erhitzen. Das Gemüse dazugeben und bei mittlerer Hitze unter Rühren 4–5 Minuten anbraten.

3 Die verquirlten Eier zugießen und unter Rühren stocken lassen. Das Rührei auf Tellern anrichten, den Käse darüber reiben und mit der Petersilie bestreut servieren.

2 PORTIONEN

Vollkornpfannkuchen

mit Haferflocken und Früchten

Neben vielen gesunden Vitaminen enthalten Bananen und Beeren reichlich **Magnesium**. In Studien wurde zwischen Magnesiummangel und Depressionen, Burn-out und anderen seelischen Verstimmungen ein Zusammenhang gefunden. Mit einer gesunden Menge an Kohlenhydraten und einigen **Omega-3-Fettsäuren** ist dieses Gericht ein echter „Energiebooster" für die Stimmung.

Zutaten

50 g Vollkornmehl

25 g Kleinblatt-Haferflocken

1 TL Backpulver

Meersalz

125 ml Milch

1 Ei (Größe M)

150 g gemischte Beeren (z. B. Erdbeeren, Blaubeeren)

1 kleine Banane

1 EL Rapsöl

2 EL Honig

Zubereitung

1 In einer Schüssel Vollkornmehl, Haferflocken, Backpulver und 1 Prise Salz mischen. Milch und Ei dazugeben zu einem glatten Teig verrühren. Den Teig abdecken und 30 Minuten quellen lassen.

2 In der Zwischenzeit die Beeren verlesen, waschen und nach Belieben halbieren oder vierteln. Die Banane schälen, längs halbieren und quer in ca. ½ cm dicke Scheiben schneiden.

3 Die Hälfte des Öls in einer beschichteten Pfanne erhitzen. Die Hälfte des Teigs in die Pfanne gießen und durch Schwenken gleichmäßig am Pfannenboden verteilen. Den Pfannkuchen auf jeder Seite etwa 2 Minuten goldbraun backen, dann auf einen Teller gleiten lassen.

4 Aus dem restlichen Teig und Öl auf die gleiche Weise einen weiteren Pfannkuchen backen. Die Pfannkuchen mit den Früchten garnieren und mit dem Honig beträufelt servieren.

2 PORTIONEN

Toast

mit geräucherter Forelle und Ei

Eine umfangreiche Übersichtsstudie ergab, dass Menschen in Europa, die viel Fisch essen, um ca. 20 % seltener an Depressionen erkranken. Ein- bis zweimal pro Woche sollte jede*r Fisch essen. Wer an Depressionen leidet, darf auch öfter zugreifen.

Zutaten

2 Eier (Größe M)
½ kleine Salatgurke
2 Scheiben Vollkornbrot
2 EL Frischkäse
125 g geräucherte Forelle
1 EL gehackter Dill
2 Zitronenscheiben

Zubereitung

1 Die Eier je nach Wunsch in ca. 6 Minuten wachsweich oder in ca. 10 Minuten hart kochen, dann mit kaltem Wasser abschrecken und etwas abkühlen lassen. In der Zwischenzeit die Gurke schälen, waschen und in dünne Scheiben schneiden. Die Brotscheiben im Toaster knusprig aufbacken. Die Eier schälen und in dünne Scheiben schneiden.

2 Die Brotscheiben mit Frischkäse bestreichen. Mit Gurkenscheiben, dann mit der Forelle belegen. Die Eierscheiben darauflegen und mit Dill und Zitronenscheiben garniert servieren.

2 PORTIONEN

Quinoa-Porridge

mit Beeren & Nüssen

Eine süße Mahlzeit ist ein kleiner „Booster" für unser Belohnungssystem. Mit Quinoa bekommt unser Gehirn **Magnesium, B- und C-Vitamine** und **Omega-3-Fettsäuren**. Der Eiweißgehalt von Quinoa beträgt 15 %, was für ein Getreide sehr gut ist. In diesem Eiweiß stecken die essenziellen Aminosäuren Lysin, Tryptophan und Cystin, die für die Bildung von Glücks-Botenstoffen wichtig sind.

Zutaten

100 g Quinoa
400 ml Milch
2 TL Vanillezucker
50 g Himbeeren
50 g Brombeeren
2 EL Walnusskerne
2 EL gehackte Mandeln
2 TL Honig

Zubereitung

1 Die Quinoa waschen, dann mit der Milch und dem Vanillezucker in einen Topf geben. Zum Kochen bringen, den Deckel aufsetzen und die Quinoa bei schwacher Hitze 15 Minuten köcheln lassen. Anschließend den Topf vom Herd nehmen und weitere 5 Minuten ziehen lassen.

2 In der Zwischenzeit die Beeren verlesen und waschen. Die Walnusskerne hacken, anschließend in einer Pfanne ohne Fett bei mittlerer Hitze rösten, bis sie zu duften beginnen. Die Nüsse dann sofort auf einen Teller geben.

3 Den Quinoa-Porridge in Schalen geben. Mit Beeren, Nüssen und Mandeln garnieren, mit Honig beträufeln und servieren.

2 PORTIONEN

Joghurt-Smoothie-Bowl
mit Walnuss-Granola

Wer etwas für seine Stimmung tun möchte, sollte nach neuesten Erkenntnissen eine Handvoll Nüsse in den täglichen Speiseplan einbauen. Seit Jahrzehnten gelten Nüsse im Volksmund als Nervennahrung. Eine aktuelle Studie geht davon aus, dass sie sogar vor Depression schützen. In jedem Fall warten vor allem Walnüsse mit vielen guten Stoffen für das Gehirn auf.

Zutaten

30 g Walnusskerne
1 EL Butter
50 g Großblatt-Haferflocken
3 EL Apfeldicksaft
50 g Blaubeeren
1 reife Banane
400 g Joghurt
2 TL Honig

Zubereitung

1 Für das Granola die Walnusskerne grob hacken. Die Butter in einer Pfanne erhitzen, Haferflocken und Nüsse darin bei mittlerer Hitze unter Rühren in ca. 3–4 Minuten goldbraun rösten. Den Dicksaft hinzufügen und alles unter Rühren 1 Minute weiterrösten. Dann auf einen Bogen Backpapier geben und abkühlen lassen.

2 Für den Smoothie die Beeren verlesen und waschen. Die Banane schälen und quer in dünne Scheiben schneiden. Zehn Bananenscheiben und sechs Blaubeeren beiseitelegen. Die restlichen Beeren, Banane und Joghurt in einen Mixer geben und fein pürieren, dann in Schalen füllen.

3 Das Granola in kleine Stücke brechen. Die Smoothie-Bowl mit den beiseitegelegten Blaubeeren und Bananenscheiben, dem Granola und dem Honig garnieren und servieren.

2 PORTIONEN

Apfelpfannkuchen
aus Vollkorn

Es geht beim Essen nicht immer nur um gesunde Inhaltsstoffe. Das Genießen einer Mahlzeit mit allen Sinnen lässt uns auch in eine wohlige Stimmung kommen. Daher sind Pfannkuchen mit dem Geruch und Geschmack von Äpfeln und Zimt immer ein Genuss, der die Stimmung hebt.

Zutaten

150 ml Milch
1 Ei (Größe M)
100 g Vollkornmehl
2 TL Honig
Meersalz
1 Apfel
2 EL Butter
2 TL Puderzucker
1 Msp. gemahlener Zimt

Zubereitung

1 Milch, Ei, Mehl, Honig und 1 Prise Salz in einer Rührschüssel mit einem Schneebesen verrühren. Den Teig abgedeckt bei Raumtemperatur etwa 30 Minuten ruhen lassen. In der Zwischenzeit den Apfel schälen, vierteln, entkernen und grob raspeln. Die Raspel zum Teig geben und unterrühren.

2 Aus dem Teig zwei Pfannkuchen backen. Dafür je Pfannkuchen ½ Esslöffel Butter in einer Pfanne (Ø 20 cm) zerlassen. Die Hälfte des Teigs in die Pfanne gießen und durch Schwenken gleichmäßig am Pfannenboden verteilen. Den Pfannkuchen bei mittlerer Hitze in 2–3 Minuten goldbraun backen, ½ Esslöffel Butter daraufsetzen, den Pfannkuchen wenden und in 1–2 Minuten fertig backen. Bei Bedarf im Backofen bei 50 °C warm halten.

3 Zum Servieren Puderzucker und Zimt vermischen. Die Pfannkuchen auf Tellern anrichten und mit dem Zimt-Zucker bestreuen.

2 PORTIONEN

Bananen-Pancakes

mit Haferflocken

Für unsere Psyche ist **Magnesium** sehr wichtig. Wer an einem Mangel dieses Minerals leidet, fühlt sich müde, schlapp und kraftlos. Dagegen helfen magnesiumreiche Lebensmittel wie Bananen, Haferflocken und Beeren.

Zutaten

2 mittelgroße reife Bananen
2 Eier (Größe M)
50 g Kleinblatt-Haferflocken
1 TL Honig
Meersalz
2 EL gehackte Mandeln
1 EL Butter
2 EL Joghurt
2 EL Beeren

Zubereitung

1 Eine Banane schälen und in kleine Stücke schneiden. In einer Schüssel mit einer Gabel zu einem feinen Püree zerdrücken. Eier, Haferflocken, Honig und 1 Prise Salz dazugeben und die Zutaten vermengen. Die Masse 10 Minuten quellen lassen.

2 In der Zwischenzeit die Mandeln in einer Pfanne ohne Fett bei mittlerer Hitze unter Rühren rösten, bis sie zu duften beginnen, dann zum Abkühlen auf einen Teller geben.

3 In einer Pfanne etwas Butter zerlassen. Pro Pancake jeweils 2 Esslöffel Teig in die Pfanne geben. Die Pancakes 1–2 Minuten bei mittlerer bis schwacher Hitze backen, wenden und weitere 1–2 Minuten von der anderen Seite backen. Insgesamt 6 Pancakes zubereiten.

4 Die zweite Banane schälen und in Scheiben schneiden, die Beeren verlesen und waschen. Die Pancakes auf Tellern anrichten und Joghurt, Bananenscheiben, Beeren und Mandeln daraufgeben.

2 PORTIONEN

Omelett

mit griechischem Joghurt

In Eiern steckt reichlich hochwertiges Eiweiß. Der Eiweißbaustein **Tryptophan** ist eine Vorstufe des Glückshormons **Serotonin**. Ein Hühnerei enthält zudem alle **B-Vitamine**, die das Gehirn benötigt. Der Gouda steuert weiteres Tryptophan bei.

Zutaten

1 kleine Möhre

½ Bund Kerbel

50 g Gouda

4 Eier (Größe M)

2 EL griechischer Joghurt

Meersalz

frisch gemahlener Pfeffer

1 EL Butter

Zubereitung

1 Die Möhre schälen, waschen und fein raspeln. Den Kerbel waschen, trocken schütteln und samt Stängel mittelfein hacken. Den Käse grob raspeln.

2 Die Eier in einer Schüssel verquirlen und mit Joghurt, Möhre, Käse, Kerbel, ½ Teelöffel Salz und 1 Prise Pfeffer verrühren.

3 Die Hälfte der Butter in einer beschichteten Pfanne (Ø 20 cm) erhitzen, bis sie zu schäumen beginnt. Die Hälfte der Eiermasse in die Pfanne gießen und ca. 2 Minuten bei schwacher bis mittlerer Hitze stocken lassen.

4 Das Omelett mit einem Pfannenwender zusammenklappen, einen Deckel auflegen und weitere 4–5 Minuten stocken lassen, nach 2–3 Minuten einmal wenden.

5 Das Omelett auf einen Teller gleiten lassen und servieren. Aus der restlichen Eiermasse ein weiteres Omelett auf die gleiche Weise zubereiten.

2 PORTIONEN

Birchermüsli
mit Orange

Hafer senkt nachweislich den Blutfettspiegel und vermehrt die verdauungsfördernden, guten Darmbakterien. Auch Joghurt pflegt unser Darmmikrobiom. Eine gesunde Darmflora hat wiederum direkten Einfluss auf unser psychisches Wohlbefinden, denn unsere Darmbakterien versorgen unser Gehirn mit Glückshormonen.

Zutaten

1 Bio-Apfel

100 g Kleinblatt-Haferflocken

150 ml Milch

4 EL Joghurt

2 EL Honig

2 EL gehackte Haselnüsse

1 Orange

Zubereitung

1 Den Apfel waschen, vierteln, entkernen und fein raspeln. Apfel, Haferflocken, Milch, Joghurt und Honig in einer Schüssel verrühren. Die Schüssel abdecken und das Müsli über Nacht im Kühlschrank ziehen lassen.

2 Die Nüsse in einer Pfanne ohne Fett bei mittlerer Hitze rösten, bis sie zu duften beginnen. Die Orange schälen, dabei die weiße Innenhaut mit entfernen. Die Fruchtfilets zwischen den Trennhäutchen herausschneiden, den Saft auffangen.

3 Den Saft zum Müsli geben und verrühren. Das Müsli in Gläser abfüllen, mit Nüssen und Orangenfilets garnieren und servieren.

2 PORTIONEN

Räucherlachs

auf Vollkornbrot & Frischkäse

Fette Fischsorten wie Lachs, Hering, Sardine und Co. enthalten langkettige, **mehrfach ungesättigte Fettsäuren**. Diese sind verantwortlich für die Entwicklung des Gehirns. Sie helfen, Konzentration und Aufmerksamkeit zu verbessern, und können schwere psychische Erkrankungen positiv beeinflussen.

Zutaten

2 Stängel Dill

2 Scheiben Vollkornbrot

2 EL Frischkäse

125 g geräucherter Lachs

2 Zitronenscheiben

Zubereitung

1 Den Dill waschen, trocken schütteln und samt Stängel fein hacken. Die Brotscheiben leicht toasten, anschließend mit dem Frischkäse bestreichen.

2 Den geräucherten Lachs vorsichtig in einzelne Scheiben trennen. Auf den Frischkäsebroten anrichten und mit Dill und Zitronenscheiben garniert servieren.

2 PORTIONEN

Couscous-Bowl

mit Röstgemüse und Joghurt-Dressing

Kürbis und Rote Bete sind zwei der gesündesten Gemüsesorten. Dabei ist der Kürbis eigentlich gar kein Gemüse, botanisch betrachtet zählt er zu den Beeren. Kürbis und Rote Bete enthalten sehr viel **Vitamin C** und **Folsäure**. Echte Nervennahrung also.

Zutaten

1 kleiner Brokkoli
100 g Hokkaido-Kürbis
1 Zweig Rosmarin
Meersalz
2 EL Olivenöl
frisch geriebene Muskatnuss
1 kleine Rote Bete
4 Stängel Petersilie
150 ml Gemüsebrühe
100 g Couscous (Instant)
50 g Joghurt
1 EL Zitronensaft
1 TL mittelscharfer Senf
frisch gemahlener Pfeffer

Zubereitung

1 Den Backofen auf 200 °C (Ober-/Unterhitze) vorheizen. Ein Backblech mit Backpapier belegen. Den Brokkoli waschen und in kleine Röschen teilen, größere Röschen halbieren oder vierteln. Den Kürbis waschen und in kleine Würfel schneiden. Die Rosmarinnadeln vom Zweig abzupfen, waschen, trocken schütteln und fein hacken.

2 Kürbis und Brokkoli in wenig Salzwasser zugedeckt bei mittlerer Hitze ca. 5 Minuten blanchieren, anschließend in ein Sieb geben und abtropfen lassen. Dann mit Öl, Rosmarin, ½ Teelöffel Salz und 1 Prise Muskatnuss mischen. Das Gemüse gleichmäßig auf dem Backblech verteilen und 12–15 Minuten im heißen Ofen (Mitte) backen.

3 In der Zwischenzeit die Rote Bete schälen und fein raspeln (dabei Handschuhe tragen!). Die Petersilie waschen, trocken schütteln, die Blätter abzupfen und mittelfein hacken. Die Brühe in einem Topf zum Kochen bringen. Den Couscous einrühren, den Topf dann vom Herd nehmen. Den Couscous ziehen und etwas abkühlen lassen.

4 Joghurt, Zitronensaft, Senf, Salz und 1 Prise Pfeffer verrühren. Den Couscous in Bowls geben und etwas glatt streichen. Rote Bete in einem Häufchen an den Rand setzen. Das geröstete Gemüse aus dem Ofen nehmen und neben der Roten Bete auf dem Couscous verteilen. Etwas Dressing über die Rote Bete geben, die Bowl mit der Petersilie bestreuen und servieren.

2 PORTIONEN

Veganes Quinoa-Chili

mit Bohnen und Tomaten

Schon vor Tausenden von Jahren wussten Mediziner*innen im Orient um die besondere Wirkung von Gewürzen. Selbst in der frühen westlichen Medizin nutzte man die Heilkräfte des schwarzen, weißen und langen Pfeffers, beschrieb die verdauungsfördernde und krampflösende Wirkung des Korianders und griff auf Kümmel gegen Kopfschmerzen und Stimmungsschwankungen zurück.

Zutaten

1 Zwiebel

2 Knoblauchzehen

1 grüne Paprika

240 g Kidneybohnen (Dose)

2 EL Olivenöl

200 g gehackte Tomaten (Dose)

200 ml Gemüsebrühe

150 g Quinoa

1 TL gemahlener Kreuzkümmel

1 TL gemahlener Koriander

1 TL Chilipulver

Meersalz

frisch gemahlener Pfeffer

Zubereitung

1 Die Zwiebel schälen und in Würfel schneiden. Den Knoblauch schälen und fein hacken. Die Paprika halbieren, putzen, waschen und in ca. 1 cm große Würfel schneiden. Die Bohnen in ein Sieb abgießen, abspülen und abtropfen lassen. In einem Topf das Olivenöl erhitzen und Zwiebel und Knoblauch darin bei mittlerer Hitze etwa 3 Minuten glasig andünsten. Die Paprika dazugeben und 3–4 Minuten mitbraten.

2 Gehackte Tomaten, Brühe, Quinoa, Kidneybohnen, Kreuzkümmel, Koriander, Chilipulver, ½ Teelöffel Salz und 2 Prisen Pfeffer zugeben. Aufkochen und unter gelegentlichem Rühren bei mittlerer bis schwacher Hitze 10–15 Minuten köcheln lassen. Den Topf vom Herd nehmen und das Chili 10 Minuten ziehen lassen. Anschließend in Servierschalen füllen und servieren.

2 PORTIONEN

Bunter Hirsesalat

mit Gemüse und Zitronen-Dressing

Schon im Mittelalter galt Hirse als echter „Muntermacher". Hirse steckt voller wichtiger **Vitamine** und **Mineralstoffe**. Das Gesamtpaket der guten Inhaltsstoffe trägt dazu bei, dass Körper und Seele profitieren.

Zutaten

150 g Hirse

400 ml Gemüsebrühe

Meersalz

2 Knoblauchzehen

1 rote Paprika

1 gelbe Paprika

1 kleine Salatgurke

½ Bund Petersilie

1 Bio-Zitrone

3 EL Olivenöl

1 EL Honig

1 TL mittelscharfer Senf

frisch gemahlener Pfeffer

Zubereitung

1 Die Hirse in ein Sieb geben und unter fließend kaltem Wasser waschen. Anschließend mit der Brühe und ½ Teelöffel Salz in einen Topf geben. Aufkochen und die Hirse zugedeckt bei schwacher bis mittlerer Hitze etwa 30 Minuten köcheln lassen. Den Topf vom Herd nehmen und die Hirse etwa 10 Minuten quellen lassen, dann durch ein Sieb abgießen und abtropfen lassen.

2 Den Knoblauch schälen und fein hacken. Die Paprika halbieren, putzen, waschen und in etwa 1 cm große Würfel schneiden. Die Gurke waschen, schälen und ebenfalls in etwa 1 cm große Würfel schneiden. Die Petersilie waschen, trocken schütteln, die Blätter abzupfen und fein hacken. Die Zitrone heiß waschen und abtrocknen. Die Zitronenschale fein abreiben, den Zitronensaft auspressen.

3 Für das Dressing Knoblauch, Petersilie, Zitronensaft und -schale, Öl, Honig, Senf, etwas Salz und 2 Prisen Pfeffer in eine Salatschüssel geben und verrühren. Gemüse und Hirse zugeben und gut mit dem Dressing vermengen. Den Salat in Salatschalen geben und servieren.

2 PORTIONEN

Gemüsebratlinge
auf Ratatouille

Dieses Rezept hat die richtige Mischung aus wertvollem pflanzlichem Eiweiß, vitaminreichem Gemüse und vielen Ballaststoffen. Hier kann der Körper alles nutzen, um Glückshormone und Zellaufbau im Gehirn zu leisten.

Zutaten

Für das Ratatouille

1 mittelgroße Zwiebel

2 Knoblauchzehen

1 kleine Aubergine

1 kleine Zucchini

1 rote und gelbe Paprika

2 große, reife Tomaten

4 Stängel Basilikum

2 EL Olivenöl

1 TL Kräuter der Provence

Für die Bratlinge

240 g Kidneybohnen (Dose)

1 gekochte Kartoffel

50 g Sonnenblumenkerne

50 g Kürbiskerne

1 Zwiebel

2 Knoblauchzehen

1 TL Paprikapulver

1 EL gehackte Petersilie

1 EL Rapsöl

Zubereitung

1 Für das Ratatouille die Zwiebel und den Knoblauch schälen und hacken. Aubergine, Zucchini, Paprika und Tomaten putzen und waschen, dann in etwa 1 cm große Würfel schneiden. Basilikum waschen, trocken schütteln, Blätter abzupfen.

2 In einem Topf das Olivenöl erhitzen und Zwiebel und Knoblauch darin bei mittlerer Hitze in 3 Minuten glasig dünsten. Aubergine, Zucchini und Paprika zufügen und weitere 3–4 Minuten dünsten. Tomaten, Kräuter der Provence sowie ½ Teelöffel Salz und 2 Prisen Pfeffer zugeben und unterrühren. Bei mittlerer bis schwacher Hitze 20 Minuten köcheln lassen, gelegentlich umrühren.

3 In der Zwischenzeit für die Bratlinge die Bohnen in ein Sieb geben, abspülen und kurz abtropfen lassen. Die Bohnen mit einem Pürierstab zu feinem Bohnenmus pürieren. Die Kartoffel fein stampfen. Sonnenblumenkerne und Kürbiskerne mittelfein hacken. Die Zwiebel schälen und in feine Würfel schneiden. Den Knoblauch schälen und fein hacken.

4 Bohnenmus, Kartoffel, Sonnenblumenkerne, Kürbiskerne, Zwiebel, Knoblauch, Paprika, Petersilie sowie Salz und Pfeffer in eine Schüssel geben und mit der Hand zu einer geschmeidigen, formbaren Masse verkneten.

5 Das Öl in einer beschichteten Pfanne erhitzen. Aus der Masse 12 Bällchen formen und etwas flach drücken. Im Öl von allen Seiten bei mittlerer Hitze goldbraun braten. Das Ratatouille auf Tellern anrichten, die Bratlinge daraufsetzen, mit Basilikum garnieren und servieren.

2 PORTIONEN

Gebackenes Hähnchen

mit Quinoa und gedünstetem Gemüse

Hähnchenfleisch enthält viel **Vitamin B1** (Thiamin). Dieses Vitamin ist für das gesamte Nervensystem von Bedeutung. Vitamin B1 kann nicht gespeichert werden, muss also nach spätestens 14 Tagen wieder dem Körper zur Verfügung gestellt werden, sonst sind die Reserven bis zu 50 % aufgebraucht.

Zutaten

2 Hähnchenkeulen (à 200 g)
2 TL edelsüßes Paprikapulver
Meersalz
150 g Quinoa
160 ml Gemüsebrühe
1 Brokkoli
1 Möhre
2 Stängel Petersilie
1 EL Butter
150 g TK-Erbsen
frisch geriebene Muskatnuss

Zubereitung

1 Den Backofen auf 200 °C (Ober-/Unterhitze) vorheizen. Ein Backblech mit Backpapier belegen. Die Hähnchenkeulen mit Küchenpapier trocken tupfen, dann rundherum kräftig mit Paprika und Salz würzen. Auf das Backblech legen und im heißen Ofen (Mitte) in ca. 45 Minuten goldbraun backen.

2 In der Zwischenzeit die Quinoa waschen, in einen Topf geben und mit der Brühe aufgießen. Zum Kochen bringen, den Deckel auflegen und die Quinoa bei schwacher Hitze 15 Minuten köcheln lassen. Anschließend den Topf vom Herd nehmen und die Quinoa 5 Minuten ziehen lassen.

3 Den Brokkoli in kleine Röschen teilen, waschen und abtropfen lassen. Die Möhre schälen, waschen, längs halbieren und schräg in Scheiben schneiden. Die Petersilie waschen, trocken schütteln, die Blätter abzupfen und mittelfein hacken.

4 Die Butter in einem Topf zerlassen. Brokkoli und Möhre darin unter Rühren 3 Minuten bei mittlerer Hitze anbraten. Die gefrorenen Erbsen und 2 Esslöffel Wasser zugeben. Mit Muskat und Salz würzen und alles verrühren. Den Deckel auflegen und das Gemüse 6–8 Minuten bei schwacher Hitze dünsten.

5 Die Petersilie zur Quinoa geben und die Quinoa mit einer Gabel auflockern. Gemüse, Hähnchenkeulen und Quinoa auf Teller anrichten und servieren.

Mediterraner Linsensalat

2 PORTIONEN

Die in Linsen enthaltenen pflanzlichen **Proteine** unterstützen den Zellaufbau in allen Organen. Außerdem weisen sie einen hohen Eisengehalt auf. **Eisen** steigert als Sauerstofftransporter im Blut insgesamt die geistige und körperliche Leistungsfähigkeit.

Zutaten

125 g rote Linsen

125 ml Gemüsebrühe

1 rote Paprika

2 Tomaten

1 Salatgurke

1 rote Zwiebel

4 Stängel Petersilie

2 Stängel Minze

100 g Feta

6 grüne Oliven, ohne Stein

4 EL Rotweinessig

2 EL Olivenöl

1 EL Honig

1 TL mittelscharfer Senf

Meersalz

frisch gemahlener Pfeffer

Zubereitung

1 Die Linsen mit der Brühe in einen Topf geben, aufkochen und zugedeckt bei schwacher Hitze 6–8 Minuten bissfest köcheln. Die Brühe abgießen und anderweitig verwenden, die Linsen abkühlen lassen. Die Paprika halbieren, putzen, waschen und in ca. 1 cm große Würfel schneiden.

2 Die Tomaten waschen, putzen und in ca. 1 cm große Würfel schneiden. Die Gurke schälen und in ca. 1 cm große Würfel schneiden. Die Zwiebel schälen und fein würfeln. Petersilie und Minze waschen, trocken schütteln, Blätter abzupfen und fein hacken. Feta in kleine Stücke zerbröseln, die Oliven halbieren.

3 Essig, Öl, Honig, Senf, ½ Teelöffel Salz und 2 Prisen Pfeffer in einer Schüssel verrühren. Linsen, die Gemüsesorten und die Hälfte der Kräuter dazugeben und vermengen. Den Salat auf Tellern anrichten, mit den restlichen Kräutern, Feta und Oliven bestreuen und servieren.

2 PORTIONEN

Vollkornpasta

mit gebratenem Gemüse in Kräutersauce

Kohlenhydrate sind der Treibstoff für unseren Körper. Wer also unter Stress, Angst und seelischer Belastung leidet, hat vermehrt Lust auf Getreide, Nudeln und Süßigkeiten. Nudeln machen also glücklich. Ideal sind dann Vollkornnudeln, weil diese auch Vitamine und Ballaststoffe liefern.

Zutaten

1 Zwiebel
2 Knoblauchzehen
1 Süßkartoffel (ca. 200 g)
1 rote Paprika
150 g Champignons
4 Stängel Petersilie
½ Bund Schnittlauch
1 Bio-Zitrone
50 g Parmesan
200 g Vollkornpenne
Meersalz
1 EL Olivenöl
frisch gemahlener Pfeffer
2 EL Butter
2 EL Mehl
150 ml Gemüsebrühe
150 ml Milch

Zubereitung

1 Zwiebel und Knoblauch schälen, Zwiebel würfeln, Knoblauch fein hacken. Die Süßkartoffel schälen, waschen und in ca. 1 cm große Würfel schneiden. Die Paprika halbieren, putzen, waschen und in ca. 1 cm große Würfel schneiden.

2 Die Pilze mit Küchenpapier abreiben, dann in dünne Scheiben schneiden. Petersilie und Schnittlauch waschen und trocken schütteln. Die Petersilienblätter abzupfen und fein hacken, Schnittlauch in feine Röllchen schneiden. Die Zitrone heiß waschen, abtrocknen und die Schale fein abreiben. Den Zitronensaft auspressen. Den Parmesan fein reiben.

3 Die Penne nach Packungsangaben kochen. Währenddessen das Öl in einer großen Pfanne erhitzen. Süßkartoffeln, Paprika und die Pilze bei großer Hitze unter Rühren 4–5 Minuten braten, bis sich teilweise dunkle Stellen auf dem Gemüse bilden. Mit Salz und 2 Prisen Pfeffer würzen.

4 Die Butter in einem Topf zerlassen. Zwiebel und Knoblauch bei schwacher Hitze glasig dünsten. Das Mehl einrühren, mit Brühe und Milch aufgießen und mit einem Schneebesen verrühren. Die Sauce bei mittlerer Hitze unter Rühren zum Kochen bringen und 1 Minute köcheln lassen.

5 Die Pasta abgießen, kurz abtropfen lassen und zurück in den Topf geben. Zitronenschale, Zitronensaft, gehackte Kräuter, Salz und 2 Prisen Pfeffer zur Sauce geben und verrühren. Die Sauce zu den Penne geben, verrühren und auf Tellern anrichten. Das gebratene Gemüse darüber verteilen und mit Parmesan bestreut servieren.

Gemüse-Hähnchen-Wrap

Probiotika sind Lebensmittel, die das gesunde Darm-Mikrobiom aufrechterhalten. Unsere Darmbakterien wiederum können direkt die Glückshormon-Produktion in unserem Gehirn steigern. Joghurt mit lebendigen Kulturen ist eine der besten Quellen für Probiotika. Aber auch Lebensmittel wie Knoblauch und Stangenlauch haben probiotische Wirkung.

Zutaten

300 g Hähnchenbrustfilet

1 kleine Dose Mais

1 Stange Lauch

1 kleine Möhre

50 g Babyspinat

1 Knoblauchzehe

½ Bund Koriandergrün

2 EL griechischer Joghurt

1 TL Dijonsenf

1 TL Honig

2 EL Rapsöl

Meersalz

frisch gemahlener Pfeffer

2 große Vollkorn-Tortilla-Wraps

Zubereitung

1 Die Hähnchenbrust mit kaltem Wasser abspülen und mit Küchenpapier trocken tupfen, dann quer in dünne Streifen schneiden. Den Mais in ein Sieb geben und abtropfen lassen. Den Lauch putzen, längs aufschneiden, waschen und quer in feine Streifen schneiden. Die Möhre schälen, waschen und fein raspeln. Den Spinat waschen und abtropfen lassen. Den Knoblauch schälen und fein hacken. Das Koriandergrün waschen und samt Stängel fein hacken.

2 Für die Sauce Knoblauch, Koriander, Joghurt, Senf und Honig in einer Schale verrühren. Das Öl in einer Pfanne erhitzen. Die Hähnchenbrust mit Salz und Pfeffer würzen und im Öl bei großer Hitze unter Rühren 4 Minuten anbraten. Den Lauch zugeben und unter Rühren 3 Minuten mitbraten. Möhre und Spinat einrühren und die Pfanne vom Herd nehmen.

3 Die Wraps in einer Pfanne ohne Öl oder nach Packungsangabe erwärmen und mit je 1 Esslöffel von der Sauce einstreichen. Hähnchenbrust und Gemüse mittig in einem Streifen daraufsetzen. Mit der restlichen Sauce beträufeln und die Wraps fest aufrollen. Halbieren, auf Tellern anrichten und servieren.

2 PORTIONEN

Spinatsalat

mit gebackenem Tofu und Himbeer-Dressing

Wie auch andere grüne Blattgemüse enthalten Spinat und Salat das entspannende und angstlösende Mineral **Magnesium**, aber auch **Folsäure** für die Nervenzellen. Unser Gehirn benötigt diese Stoffe für die Produktion von Glückshormonen.

Zutaten

200 g Babyspinat

100 g Frisée-Salat

150 g Tofu

1 EL Rapsöl

1 TL edelsüßes Paprikapulver

Meersalz

frisch gemahlener Pfeffer

100 g Himbeeren (alternativ TK-Himbeeren)

2 EL Olivenöl

4 EL Aceto balsamico bianco

1 EL Honig

1 TL mittelscharfer Senf

Zubereitung

1 Den Spinat verlesen, waschen und in einem Sieb abtropfen lassen. Den Frisée waschen und abtropfen lassen. Den Backofen auf 200 °C (Ober-/Unterhitze) vorheizen. Ein Backblech mit Backpapier belegen. Den Tofu trocken tupfen und in ca. 2 cm große Würfel schneiden. In einer Schüssel mit Öl, Paprikapulver, Salz und Pfeffer mischen, bis die Tofuwürfel überzogen sind.

2 Den Tofu auf dem Backblech verteilen und im heißen Ofen (Mitte) in etwa 20–25 Minuten goldbraun und knusprig backen. In der Zwischenzeit die frischen Himbeeren verlesen und mit Olivenöl, Balsamico, Honig, Senf und ½ Teelöffel Salz in einen hohen Becher geben und mit dem Mixstab fein pürieren. Alternativ tiefgefrorene Himbeeren verwenden und vorher auftauen lassen.

3 Spinat und Frisée-Salat auf Tellern verteilen und mit dem Dressing beträufeln. Den Tofu aus dem Ofen nehmen, über dem Salat verteilen und sofort servieren.

2 PORTIONEN

Linsenbuletten

mit Pilzrahm

Linsen und Pilze sind nicht nur reich an **Ballaststoffen**, sie enthalten auch wertvolle **Eiweißbausteine**. Eine Studie hat ergeben, dass Champignons und andere Pilze die geistigen Fähigkeiten fördern. Zusammen mit **Omega-3-Fettsäuren**, wie in Rapsöl, können Gehirn und Bauchhirn, der Darm, optimal davon profitieren. Frische Kräuter tun überdies der Seele gut und erhöhen die Konzentration.

Zutaten

250 g braune Linsen

2 Zwiebeln

3 Knoblauchzehen

150 g weiße Champignons

1 Möhre

4 Stängel glatte Petersilie

100 g Dinkelvollkornmehl

1 TL Senf

1 EL Tomatenmark

Meersalz

frisch gemahlener Pfeffer

3 EL Rapsöl

200 g Sahne (alternativ pflanzliche Sahne)

½ TL getrockneter Thymian

Zubereitung

Die Linsen in einem Topf mit Wasser laut Packungsangabe kochen, abgießen, abtropfen und lauwarm abkühlen lassen. In der Zwischenzeit die Zwiebeln schälen und in feine Würfel schneiden. Den Knoblauch schälen und fein hacken. Die Pilze putzen und in dünne Scheiben schneiden. Die Möhre waschen, schälen und in kleine Würfel schneiden. Die Petersilie waschen und trocken schütteln, die Blätter abzupfen und fein hacken.

1 Die gekochten Linsen mit der Hälfte der Zwiebeln, der Hälfte des Knoblauchs, Mehl, Senf, Tomatenmark, 1 Teelöffel Salz und 2 Prisen Pfeffer zu einer festen, formbaren Masse verkneten. Aus der Masse 10–12 kleine Buletten formen. In einer beschichteten Pfanne 2 Esslöffel vom Öl erhitzen und die Buletten darin von beiden Seiten bei mittlerer Hitze goldbraun und knusprig anbraten.

2 In einem Topf gleichzeitig das restliche Öl erhitzen. Die restlichen Zwiebeln darin glasig anschwitzen, dann den restlichen Knoblauch dazugeben und kurz mitbraten, bis er duftet. Die Pilze und die Möhrenwürfel dazugeben und alles ca. 5 Minuten anbraten, bis sie leicht gebräunt sind.

3 Mit Sahne aufgießen und auf schwache Hitze reduzieren. Die Sauce ca. 8 Minuten köcheln lassen, bis sie etwas eindickt. Dabei gelegentlich umrühren. Den Thymian dazugeben und mit Salz und Pfeffer abschmecken. Die Sauce noch einmal kurz aufkochen lassen. Die Buletten auf Tellern anrichten, mit der Petersilie bestreuen und mit der Sauce servieren.

2 PORTIONEN

Energiesalat

mit Hühnchen in Zitronen-Dressing

Energielieferanten für die Seele sind Eiweiß (z.B. Fleisch) und Kohlenhydrate (z.B. Getreide). Um die volle Wirkung dieser Energielieferanten zu nutzen, benötigt eine Mahlzeit noch gesunde Fette aus Pflanzenölen und vitaminreiches Gemüse. Alles zusammen hebt die Stimmung durch das Geschmackserlebnis und den Energieschub.

Zutaten

300 ml Hühnerbrühe
200 g Hähnchenbrustfilet
150 g Quinoa
180 ml Gemüsebrühe
100 g Zuckerschoten
Meersalz
1 kleine Zucchini
1 kleine Dose Mais
3 EL Apfelessig
3 EL Olivenöl
1 EL Honig
1 TL mittelscharfer Senf
frisch gemahlener Pfeffer
2 Scheiben Vollkorntoast
2 EL Rapsöl

Zubereitung

1 Die Brühe in einem kleinen Topf zum Kochen bringen. Die Hähnchenbrust hineinlegen und bei schwacher Hitze 40 Minuten in der Brühe ziehen lassen. In der Zwischenzeit die Quinoa waschen, in einen Topf geben und mit der Gemüsebrühe aufgießen. Zum Kochen bringen, den Deckel auflegen und die Quinoa bei schwacher Hitze 15 Minuten köcheln lassen. Anschließend den Topf vom Herd ziehen und die Quinoa 5 Minuten ziehen lassen.

2 Die Zuckerschoten waschen, die Enden abknipsen und die Schoten einmal schräg halbieren. Reichlich Wasser in einem Topf zum Kochen bringen, salzen und die Schoten darin 2–3 Minuten sprudelnd kochen. Die Schoten durch ein Sieb abgießen, kalt abschrecken und abtropfen lassen. Die Zucchini putzen, waschen, längs vierteln und quer in dünne Scheiben schneiden. Den Mais in ein Sieb geben und abtropfen lassen.

3 Essig, Olivenöl, Honig, Senf, ½ Teelöffel Salz und 2 Prisen Pfeffer in eine Schüssel geben und verrühren. Das Gemüse dazugeben und gut mischen.

4 Die Toastscheiben in ca. 1 cm große Würfel schneiden. Das Öl in einer Pfanne erhitzen. Die Toastwürfel im heißen Öl unter Rühren bei mittlerer Hitze goldbraun rösten. Die Hähnchenbrust aus der Brühe nehmen und mithilfe von zwei Gabeln in kleine Stücke zerreißen. Den Salat in Schalen anrichten, Hähnchen und Croûtons darüberstreuen und servieren.

2 PORTIONEN

Gemüsepfannkuchen

Pflanzenmilch ist eine prima Alternative zu Kuhmilch. Sojadrinks sind reich an hochwertigem pflanzlichem Eiweiß und cholesterinfrei. Gemeinsam mit vitaminreichem Kürbis wird die Bildung von Botenstoffen wie **Serotonin** oder **Dopamin** unterstützt, die wichtig sind für eine ausgeglichene Stimmung.

Zutaten

150 g Vollkornmehl

1 TL Backpulver

350 ml Sojadrink

Meersalz

1 kleine Dose Mais

150 g Hokkaido-Kürbis (alternativ Zucchini)

1 kleine Möhre

30 g Pecorino

2 EL Rapsöl

Zubereitung

1 Das Vollkornmehl mit Backpulver, Sojadrink und ½ Teelöffel Salz zu einem glatten Teig verrühren, abdecken und 30 Minuten quellen lassen. In der Zwischenzeit den Mais in ein Sieb geben und abtropfen lassen. Kürbis und Möhre waschen, schälen und fein raspeln. Den Käse fein reiben. Das geriebene Gemüse und den Käse zum Teig geben und verrühren.

2 1 EL Öl in einer beschichteten Pfanne (Ø ca. 24 cm) erhitzen. Die Hälfte des Teigs in die Pfanne geben und gleichmäßig verstreichen. 3–4 Minuten bei mittlerer bis schwacher Hitze stocken lassen. Den Pfannkuchen wenden und in weiteren 3–4 Minuten goldbraun backen.

3 Den Pfannkuchen auf einen Teller gleiten lassen und warm halten. Das restliche Öl in die Pfanne geben und aus dem restlichen Teig einen weiteren Pfannkuchen auf die gleiche Weise zubereiten.

2 PORTIONEN

Dinkel-Wrap

mit Hähnchen, Gemüse & Hummus

Einmal in der Woche eine Portion weißes Fleisch ist für die Versorgung mit **Aminosäuren** gut. In der Kombination mit einem pflanzlichen Eiweiß, wie dem der Kichererbsen, werden besonders viele wertvolle Grundbausteine für die Glückshormone geliefert. Dazu ausreichend **Vitamine** und **Ballaststoffe** durch Gemüse – und der Körper kann die Eiweißbausteine optimal nutzen.

Zutaten

125 g Dinkelmehl, Type 630, plus etwas mehr zum Arbeiten

1,5 EL Olivenöl

Meersalz

1 gelbe Paprika

1 Salatgurke

200 g Hähnchenbrustfilet

frisch gemahlener Pfeffer

2 EL Rapsöl

4 EL Hummus (siehe Seite 110)

Zubereitung

1 Das Mehl mit 50 ml Wasser, Olivenöl und ½ Teelöffel Salz in einer Schüssel zu einem festen Teig verkneten. Den Teig zu einer Kugel formen und abgedeckt ca. 30 Minuten ruhen lassen.

2 In der Zwischenzeit die Paprika halbieren, putzen, waschen und in feine, ca. ½ cm breite Streifen schneiden. Die Gurke schälen und längs halbieren, die Kerne herauskratzen und die Gurke in dünne, mondförmige Scheiben schneiden.

3 Für die Wraps den Teig in 4 Portionen teilen und auf einer bemehlten Arbeitsfläche zu je ca. 2 mm dünnen Kreisen ausrollen. Die Wraps in einer beschichteten Pfanne ohne Fett nacheinander ca. 30 Sekunden pro Seite backen. Wenn sich vereinzelt dunkelbraune Punkte auf den Wraps bilden, sind sie fertig. Die Wraps auf einen Teller gleiten lassen, mit einem weiteren Teller abdecken und auf diese Weise warm halten.

4 Das Hähnchenbrustfilet unter kaltem Wasser abspülen, trocken tupfen und so halbieren, dass je zwei dünne Schnitzel entstehen. Die Hähnchenschnitzel dann quer in dünne Streifen schneiden und kräftig mit Salz und Pfeffer würzen. Das Öl in einer Pfanne erhitzen. Die Hähnchenstreifen darin bei großer Hitze unter Rühren 1 Minute braten. Die Paprika dazugeben und alles unter Rühren weitere 2–3 Minuten braten.

5 Die Wraps mit je 1 Esslöffel Hummus bestreichen. Hähnchen, Paprika und Gurke in einem Streifen mittig auf den Wraps verteilen. Mit je 1 Prise Salz und Pfeffer würzen. Die Wraps fest aufrollen und servieren.

2 PORTIONEN

Gemüsefrikadellen

mit Gurkensalat

Vegetarische Eiweißlieferanten sind Energiebomben für die Seele. Hülsenfrüchte sind reich an **Ballaststoffen, Aminosäuren** und **Vitaminen**. Damit kann das Gehirn Botenstoffe und Zellen regenerieren. Außerdem profitiert die Darmflora von diesem Gericht und sendet als Dank Glückshormone an das Nervensystem.

Zutaten

Für die Gemüsefrikadellen

150 g Zucchini

100 g Möhren

1 kleine Zwiebel

1 Knoblauchzehe

50 g Kleinblatt-Haferflocken

40 g Sojamehl (alternativ Kichererbsenmehl)

1 EL geschroteter Leinsamen

frisch geriebene Muskatnuss

2 EL Rapsöl

Für den Gurkensalat

1 Salatgurke

1 kleine rote Zwiebel

3 EL Apfelessig

1 EL gehackter Dill

2 EL Olivenöl

1 TL mittelscharfer Senf

Zubereitung

1 Für die Gemüsefrikadellen die Zucchini putzen, waschen und grob raspeln. Die Möhre waschen, schälen und grob raspeln. Zwiebel und Knoblauch schälen, die Zwiebel fein würfeln, den Knoblauch fein hacken. Zucchini, Möhre, Zwiebel, Knoblauch, Haferflocken, Sojamehl, Leinsamen, etwas Muskatnuss sowie ½ Teelöffel Salz und 2 Prisen Pfeffer zu einem formbaren Teig verkneten. Den Teig abdecken und 20 Minuten quellen lassen.

2 In der Zwischenzeit für den Gurkensalat die Gurke schälen und quer in dünne Scheiben schneiden. Die Zwiebel schälen, halbieren und in feine Streifen schneiden. Essig, ½ Teelöffel Salz, 1 Prise Pfeffer, Zwiebel und Dill in eine Schüssel geben und verrühren, bis sich das Salz aufgelöst hat. Öl und Senf dazugeben und zügig verrühren. Die Gurkenscheiben mit dem Dressing vermischen.

3 Das Öl in einer Pfanne erhitzen. Aus dem Gemüseteig 6 Frikadellen formen und im heißen Öl von beiden Seiten jeweils ca. 4 Minuten goldbraun braten. Die Gemüsefrikadellen auf Tellern anrichten und mit Gurkensalat servieren.

2 PORTIONEN

Gemüsecurry

mit Vollkornreis & Kichererbsen

100 g gekochte Kichererbsen enthalten nur etwa 130 kcal und 3 g Fett, dafür aber 15 g gesunde Kohlenhydrate und satte 7 g wertvolles Eiweiß. Kichererbsen sind ein Superfood, weil sie mit fast 7 g Ballaststoffen richtig satt machen und die Darmflora pflegen. Außerdem liefern sie sehr viel **Folsäure**, ein wichtiges B-Vitamin für das psychische Wohlbefinden.

Zutaten

150 g Vollkornreis
1 Zwiebel
2 Knoblauchzehen
1 rote Paprika
1 grüne Paprika
1 Möhre
200 g Kichererbsen (Dose)
2 EL Rapsöl
400 ml Kokosmilch
2 EL gelbe Currypaste
Meersalz

Zubereitung

1 Den Reis in ein Sieb geben und waschen. Anschließend mit 325 ml Wasser in einen Topf geben. Aufkochen und den Reis zugedeckt bei schwacher Hitze 25 Minuten köcheln lassen. Den Topf anschließend beiseitestellen und den Reis 10 Minuten quellen lassen.

In der Zwischenzeit die Zwiebel schälen und fein würfeln. Den Knoblauch schälen und fein hacken. Die Paprika halbieren, putzen, waschen und in 1 cm breite Streifen schneiden. Die Möhre waschen, schälen und quer in dünne Scheiben schneiden. Die Kichererbsen in ein Sieb abgießen, abspülen und abtropfen lassen.

2 In einer großen Pfanne das Öl erhitzen und Zwiebel und Knoblauch darin bei mittlerer Hitze in 3–4 Minuten glasig dünsten. Paprika und Möhre zugeben und 5 Minuten mitanbraten. Kichererbsen, Kokosmilch, Currypaste und ½ Teelöffel Salz hinzufügen. 15–20 Minuten bei schwacher bis mittlerer Hitze köcheln lassen. Das Curry zusammen mit dem Reis auf Tellern anrichten und servieren.

2 PORTIONEN

Vollkornspaghetti

mit Linsenbolognese

Linsen und Tomaten sind eine gute Kombination für eine entspannte Psyche, denn Linsen enthalten neben guten **Aminosäuren** viel **Magnesium** und **B-Vitamine**. In einer Studie hat man herausgefunden, dass der regelmäßige Verzehr von Tomaten das Risiko einer Depression senken kann.

Zutaten

100 g braune Linsen
1 Zwiebel
1 Knoblauchzehe
1 Möhre
1 Stange Staudensellerie
½ Bund Basilikum
50 g Parmesan
2 EL Olivenöl
300 g passierte Tomaten
50 ml Gemüsebrühe
2 EL Tomatenmark
Meersalz
frisch gemahlener Pfeffer
150 g Vollkornspaghetti

Zubereitung

1 Die Linsen in einen Topf geben, mit Wasser bedecken und zum Kochen bringen. Mit aufgelegtem Deckel bei schwacher Hitze in etwa 20 Minuten weich kochen, sie sollten aber nicht zerfallen.

2 In der Zwischenzeit die Zwiebel schälen und in feine Würfel schneiden. Den Knoblauch schälen und fein hacken. Die Möhre waschen, schälen und fein würfeln. Den Sellerie putzen, waschen und in feine Würfel schneiden. Basilikum waschen, trocken schütteln, die Blätter abzupfen und in Streifen schneiden. Den Käse fein reiben.

3 In einem Topf das Olivenöl erhitzen und Zwiebel und Knoblauch darin glasig dünsten. Möhre und Sellerie hinzufügen und 5 Minuten mitbraten. Passierte Tomaten, Brühe und das Tomatenmark einrühren. Aufkochen und 15 Minuten bei schwacher Hitze köcheln lassen. Linsen, Basilikum, 1 Teelöffel Salz und 2 Prisen Pfeffer zugeben und weitere 5 Minuten köcheln.

In der Zwischenzeit in einem zweiten Topf Spaghetti nach Packungsanweisung in reichlich Salzwasser al dente garen. Abgießen und in Pasta-Tellern anrichten. Mit der Linsenbolognese und geriebenem Parmesan bestreut servieren.

2 PORTIONEN

Gegrilltes Hähnchen
mit Vollkornweizen & Brokkoli

Wissenschaftliche Studien belegen, dass es einen Zusammenhang zwischen dem Folsäurespiegel und dem Auftreten von Depressionen gibt. So können Menschen mit einem niedrigen Folsäuregehalt im Blut ein höheres Risiko haben, an einer Depression zu erkranken. Brokkoli, Vollkorngetreide und Hähnchenfleisch enthalten viel **Folsäure**.

Zutaten

150 g Vollkornweizen

Meersalz

2 Hähnchenbrustfilets, à 150 g

2 TL Zitronensaft

½ TL getrockneter Thymian

½ TL getrockneter Oregano

frisch gemahlener Pfeffer

350 g Brokkoli

2 EL Olivenöl

Zubereitung

1 Den Weizen über Nacht in 600 ml Wasser einweichen. Am nächsten Tag durch ein Sieb abgießen und mit 1 Teelöffel Salz in einen Topf geben. Mit 400 ml Wasser aufgießen, aufkochen und abgedeckt bei schwacher Hitze 35–40 Minuten köcheln lassen. Als Garprobe ein Weizenkorn aufschneiden. Es sollte weich und keine ungequollene Stärke mehr sichtbar sein. Den Weizen dann abgießen und beiseitestellen.

2 Während der Weizen kocht, die Hähnchenbrustfilets unter kaltem Wasser abspülen, trocken tupfen und ringsum mit dem Zitronensaft einreiben. Anschließend mit den getrockneten Kräutern, Salz und Pfeffer würzen. Auf einen Teller legen, abdecken und 15–20 Minuten marinieren.

3 In der Zwischenzeit den Brokkoli in kleine Röschen schneiden und waschen. Das Öl in eine Grillpfanne geben und durch Schwenken gleichmäßig darin verteilen. Die Hähnchenbrustfilets in die Pfanne legen und auf beiden Seiten 4–5 Minuten braten.

4 Währenddessen den Brokkoli 8 Minuten in reichlich Salzwasser kochen und abgießen. Die Hähnchenbrust auf ein Schneidebrett legen. Den Weizen in die Pfanne geben und unter Rühren kurz erwärmen. Den Weizen mittig auf Tellern anrichten. Hähnchenbrustfilets jeweils dreimal schräg aufschneiden und auf den Weizen legen. Die Brokkoliröschen darum verteilen und servieren.

2 PORTIONEN

Gebratener Lachs

mit Quinoa & gedünstetem Gemüse

Lachs ist ein **Vitamin-D**-Booster und enthält zudem viel **Selen**; beide lindern die Symptome von Depressionen und Angst. Da Lachs ein fettreicher Fisch ist, findet man hier einen hohen Gehalt an **Omega-3-Fettsäuren**, die die Stimmung und die Denkfunktionen verbessern.

Zutaten

150 g Quinoa
180 ml Gemüsebrühe
1 Zucchini
1 Paprika
1 Zwiebel
2 Knoblauchzehen
2 EL Olivenöl
2 Lachsfilets (à ca. 150 g)
Meersalz
frisch gemahlener Pfeffer

Zubereitung

1 Die Quinoa waschen, in einen Topf geben und die Brühe zugießen. Zum Kochen bringen und die Quinoa zugedeckt bei schwacher Hitze 15 Minuten köcheln lassen. Den Topf vom Herd nehmen und die Quinoa weitere 5 Minuten ziehen lassen. In der Zwischenzeit Zucchini und Paprika putzen, waschen und in ca. 1 cm große Würfel schneiden. Die Zwiebel schälen und fein würfeln. Den Knoblauch schälen und fein hacken.

2 In einer Pfanne 1 Esslöffel Olivenölerhitzen. Den Lachs mit Salz und Pfeffer würzen und in der Pfanne von beiden Seiten 4–5 Minuten goldbraun braten. Die gebratenen Lachsfilets auf einen Teller legen und mit einem weiteren Teller abdecken, um sie warm zu halten.

3 In derselben Pfanne das restliche Olivenöl erhitzen. Zwiebel, Knoblauch, Zucchini und Paprika darin bei mittlerer Hitze unter Rühren ca. 5 Minuten braten. Mit ½ Teelöffel Salz und 2 Prisen Pfeffer würzen.

4 Die Quinoa zum Gemüse geben und untermengen. Quinoa-Gemüse mittig auf Tellern anrichten, den Lachs auf das Quinoa-Gemüse-Bett legen und servieren.

2 PORTIONEN

Gemüsepfanne
mit Tofu & Vollkornreis

Eine aktuelle Studie aus Japan, an der viele schwangere Frauen teilnahmen, untersuchte den Einfluss von **Sojaprodukten** (wie Tofu) auf die Stimmung. Die Forscher*innen fanden heraus, dass ein erhöhter Konsum von Sojaprodukten einen signifikanten Effekt auf die Stimmung hat. Bis zu 40 % weniger depressive Verstimmungen konnten beobachtet werden.

Zutaten

150 g Vollkornreis
1 kleine Zucchini
1 gelbe Paprika
1 kleine Möhre
1 kleine Zwiebel
2 Knoblauchzehen
200 g Tofu
2 EL Olivenöl
3 EL Sojasauce
Meersalz
frisch gemahlener Pfeffer

Zubereitung

1 Den Reis in ein Sieb geben und waschen. Anschließend mit 325 ml Wasser in einen Topf geben und zum Kochen bringen. Den Reis zugedeckt bei schwacher Hitze 25 Minuten köcheln. Topf vom Herd nehmen und den Reis noch 10 Minuten quellen lassen.

Die Zucchini putzen, waschen und in dünne Scheiben schneiden. Die Paprika halbieren, putzen, waschen und in 1 cm breite Streifen schneiden. Die Möhre waschen, schälen und quer dritteln. Die Möhrenstücke längs in ca. ½ cm breite Scheiben, dann in ca. ½ cm breite Streifen schneiden. Die Zwiebel schälen und fein würfeln. Den Knoblauch schälen und fein hacken. Den Tofu trocken tupfen und in ca. 1½ cm große Würfel schneiden.

2 In einer Pfanne das Olivenöl erhitzen. Zwiebel und Knoblauch unter Rühren bei mittlerer Hitze darin glasig dünsten. Den Tofu zugeben und von allen Seiten goldbraun anbraten. Zucchini, Paprika und Möhre zufügen und in ca. 6–8 Minuten bissfest braten. Mit Sojasauce, ½ Teelöffel Salz und 1 Prise Pfeffer würzen. Den Reis mittig auf Tellern verteilen und die Gemüse-Tofu-Pfanne darauf anrichten.

2 PORTIONEN

Hirsebällchen

mit Tomatensauce

Hirse ist ein unterschätztes Lebensmittel. Ihr **Eisengehalt** ist etwa zwei- bis dreimal höher als der von Weizen. Das ist gut für die Blutbildung und die Durchblutung des Gehirns. Zudem enthält Hirse viel **Vitamin C** und alle **B-Vitamine**. Damit ist sie eines der nährstoffreichsten Getreide: ein Superfood für das Nervensystem.

Zutaten

150 g Hirse
Meersalz
1 Zucchini
1 Möhre
1 Zwiebel
2 Knoblauchzehen
½ Bund Petersilie
2 Eier (Größe M)
6 EL Vollkornmehl
frisch gemahlener Pfeffer
2 EL Olivenöl
400 ml passierte Tomaten
100 g gemischte Salatblätter

Zubereitung

1 Die Hirse in ein Sieb geben und waschen, mit 500 ml Wasser und ½ Teelöffel Salz in einen Topf geben. Aufkochen und zugedeckt bei schwacher bis mittlerer Hitze 15 Minuten köcheln. Den Topf vom Herd nehmen und die Hirse noch 10 Minuten quellen lassen.

2 Den Backofen auf 180 °C (Ober-/Unterhitze) vorheizen. Ein Backblech mit Backpapier belegen. Die Zucchini putzen, waschen und grob raspeln. Die Möhre waschen, schälen und fein raspeln. Die Zwiebel schälen und fein würfeln. Den Knoblauch schälen und fein hacken. Die Petersilie waschen, trocken schütteln, Blätter abzupfen und fein hacken.

3 Hirse, Zucchini, Möhre, Petersilie, Eier, Mehl, ½ Teelöffel Salz und 2 Prisen Pfeffer in eine Schüssel geben und verkneten. Aus der Masse 12 kleine Bällchen formen und auf das Backblech legen. Im heißen Ofen (Mitte) in ca. 12–15 Minuten goldbraun backen.

4 In der Zwischenzeit das Olivenöl in einer Pfanne erhitzen. Zwiebel und Knoblauch darin glasig dünsten. Die passierten Tomaten zugeben und mit Salz und Pfeffer würzen. Die Sauce zum Kochen bringen und 10 Minuten bei schwacher bis mittlerer Hitze köcheln. Inzwischen die Salatblätter waschen, abtropfen lassen und auf Tellern verteilen. Die Hirsebällchen darauf anrichten, mit etwas von der Sauce beträufeln und servieren.

2 PORTIONEN

Gebratene Leber

mit Zwiebeln & gedünstetem Spinat

Leber ist ein nährstoffreiches Lebensmittel, sie enthält alle Vitamine in hoher Dichte. Besonders interessant ist das **Vitamin B2** (Riboflavin). Forscher*innen haben festgestellt, dass bereits geringste Riboflavin-Mangelerscheinungen maßgeblich zu depressiven Verstimmungen führen können. Leber ist ein gutes Lebensmittel gegen schlechte Laune.

Zutaten

400 g Blattspinat

200 g Geflügelleber (alternativ Rinderleber)

1 EL Mehl

2 rote Zwiebeln

2 EL Rapsöl

2 EL Rinderfond (Rinderbrühe)

1 EL Aceto balsamico

Meersalz

frisch gemahlener Pfeffer

frisch geriebene Muskatnuss

Zubereitung

1 Den Spinat verlesen, waschen und abtropfen lassen. Die Leber in dünne Streifen schneiden und mit dem Mehl in einer Schüssel mischen. Die Zwiebeln schälen und in feine Ringe schneiden. In einer großen Pfanne das Öl erhitzen und die Zwiebeln darin bei mittlerer Hitze in etwa 5-6 Minuten hellbraun anbraten. Die Zwiebeln anschließend in das obere Drittel der Pfanne schieben.

2 Die Leber in die Pfanne geben und unter Rühren 3-4 Minuten anbraten. Mit Fond, Essig, ½ Teelöffel Salz und 2 Prisen Pfeffer würzen, die Leber neben die Zwiebeln schieben. Sofort den Spinat in die Pfanne geben, mit 1 Prise Salz und Muskatnuss würzen und durchrühren, bis er zusammengefallen ist. Die Leber mit Zwiebeln und gedünstetem Spinat auf Tellern anrichten und servieren.

2 PORTIONEN

Ofengeröstetes Gemüse

mit gebackenen Kartoffelecken & Kräutersauce

Kartoffeln und Süßkartoffeln kombiniert mit gesunden Fetten können den **Serotoninspiegel** erhöhen, vorausgesetzt man bereitet sie richtig zu. Durch den regelmäßigen Verzehr von Kartoffeln bessert sich das seelische Wohlbefinden. Achtung: Damit sind aber keine billig frittierten Pommes gemeint, denn diese machen leider langfristig eher schlechte Laune.

Zutaten

Für die Kartoffelecken

400 g Kartoffeln

1 Ei (Größe M)

100 g Pankomehl

frisch geriebene Muskatnuss

1 EL Rapsöl

Für das Gemüse

1 Süßkartoffel

1 Zucchini

1 gelbe Paprika

1 rote Zwiebel

2 EL Olivenöl

1 TL edelsüßes Paprikapulver

Für die Kräutersauce

1 kleine Zwiebel

1 Knoblauchzehe

4 Stängel Petersilie

1 EL Butter

1 EL Mehl

150 ml Milch

2 TL Zitronensaft

Zubereitung

1 Für die Kartoffelecken die Kartoffeln waschen und in reichlich Salzwasser in 20 Minuten weich kochen. Abgießen und ausdampfen lassen. Inzwischen den Backofen auf 200 °C (Ober-/Unterhitze) vorheizen. Ein Backblech mit Backpapier belegen. Die abgekühlten Kartoffeln pellen und grob raspeln. Ei und 60 g vom Paniermehl dazugeben, mit 1 Teelöffel Salz und reichlich Muskat würzen und alles zu einer Masse verkneten.

2 Die Masse in 6 Portionen teilen und daraus etwa 1 cm dicke Dreiecke formen. Das restliche Paniermehl auf einen Teller geben und die Kartoffelecken darin wenden. Das Backpapier mit dem Öl bestreichen und die Kartoffelecken etwa 20 Minuten goldbraun backen, einmal wenden.

3 Süßkartoffel, Zucchini, Paprika und Zwiebel putzen, schälen und waschen. Süßkartoffel, Zucchini und Paprika in ca. 1 cm große Würfel schneiden. Die Zwiebel halbieren und in feine Streifen schneiden. Das Gemüse mit Öl, Paprikapulver und ½ Teelöffel Salz mischen. Die Kartoffelecken aus dem Backofen nehmen und auf einen Teller legen. Das Gemüse auf dem Backblech verteilen und 20–25 Minuten rösten.

4 Für die Kräutersauce die Zwiebel schälen und fein würfeln, den Knoblauch schälen und fein hacken. Die Petersilie waschen, trocken schütteln, Blätter abzupfen und fein hacken. Die Butter in einem Topf zerlassen. Zwiebel und Knoblauch darin andünsten. Das Mehl einrühren und die Milch zugießen, unter Rühren aufkochen. Die Sauce unter Rühren 1 Minute kochen. Den Topf vom Herd ziehen, Zitronensaft und Petersilie zugeben. Das Gemüse aus dem Ofen nehmen und alles gemeinsam servieren.

2 PORTIONEN

Fischfilet

mit Zitronen-Kräutermarinade & Spargel

Spargel macht satt und hat wenig Kalorien. Obwohl das Gemüse zu über 90 % aus Wasser besteht, liefert es doch viele **Ballaststoffe** und **Vitamine E, B1, B2 und B6, Folsäure, Beta-Carotin** sowie **Vitamin C**. Davon profitieren unsere Nervenzellen. Dazu noch Fisch, der **Jod** und **Omega-3-Fettsären** bereitstellt, und die Stimmung steigt.

Zutaten

2 Kabeljaufilets (à 150 g, alternativ Seelachsfilets)

1 EL Zitronensaft

Meersalz

frisch gemahlener Pfeffer

1 EL gehackte Petersilie

1 EL gehackter Dill

500 g grüner Spargel

2 EL Olivenöl

Außerdem

Dampfeinsatz

Zubereitung

1 Den Backofen auf 220 °C (Ober-/Unterhitze) vorheizen. Die Fischfilets mit Zitronensaft beträufeln, mit Salz und Pfeffer würzen und mit den gehackten Kräutern bestreuen, in eine Auflaufform legen und 15 Minuten marinieren lassen.

2 In der Zwischenzeit das holzige Ende der Spargelstangen abbrechen, anschließend die Stangen im unteren Drittel schälen. Den Spargel waschen und tropfnass in einen Dämpfeinsatz oder einen Topf mit Dampfeinsatz legen und über kochendem Wasser in 7–8 Minuten bissfest dämpfen. Alternativ die Spargelstangen 7–8 Minuten in Salzwasser kochen. Die Auflaufform in den heißen Ofen (Mitte) schieben und den Fisch 8–10 Minuten backen.

3 Den Spargel auf Tellern anrichten. Mit Olivenöl beträufeln und mit Salz und Pfeffer würzen. Das Fischfilet danebenlegen, mit etwas Fond aus der Auflaufform übergießen und servieren.

2 PORTIONEN

Vollkornspaghetti

mit frischen & getrockneten Tomaten

Essen dient nicht nur der Nahrungsaufnahme, Essen ist auch ein Erlebnis für alle Sinne und beeinflusst damit auch unsere Psyche. Kräuter, die leichte Schärfe von Chili und die frischen Tomaten wecken positive Gefühle und erinnern an einen Urlaub am Meer. Außerdem enthält Parmesan **Aminosäuren**, aus denen unser Gehirn das Glückshormon Serotonin herstellt. So machen Spaghetti rundum glücklich.

Zutaten

200 g Kirschtomaten
4 Knoblauchzehen
30 g getrocknete Tomaten
4 Stängel Basilikum
60 g Parmesan
200 g Vollkornspaghetti
Meersalz
3 EL Olivenöl
1 TL Chiliflocken
frisch gemahlener Pfeffer

Zubereitung

1 Die Kirschtomaten waschen und halbieren. Den Knoblauch schälen und fein hacken. Die getrockneten Tomaten fein hacken. Basilikum waschen, trocken schütteln, die Blätter abzupfen und grob zerreißen. Den Käse fein reiben. Die Spaghetti nach Packungsangabe in reichlich Salzwasser al dente kochen.

2 Das Öl in einer Pfanne erhitzen. Knoblauch und Chiliflocken darin bei mittlerer Hitze 1 Minute anbraten. Die Tomaten zugeben, mit 1 Teelöffel Salz und 2 Prisen Pfeffer würzen und bei hoher Hitze 1 Minute mitbraten. Auf mittlere Hitze reduzieren und unter häufigem Rühren kochen, bis die Tomaten weich werden.

3 Die Spaghetti abgießen, dabei ca. 100 ml des Kochwassers auffangen. Spaghetti, das Kochwasser, die Hälfte des Basilikums und des Parmesans in die Pfanne geben und alles vermengen. Die Spaghetti mit der Sauce in Pastatellern anrichten. Mit dem restlichen Basilikum und Käse bestreuen und servieren.

6 MUFFINS

Spinatmuffins

mit Feta und Oliven

Gesunde Darmbakterien, sogenannte Probiotika, können Botenstoffe erzeugen, die unsere Stimmung positiv beeinflussen. Eine gesunde Darmflora unterstützt also die seelische Gesundheit. Feta sorgt durch seine **Probiotika** für das richtige Gleichgewicht des Verdauungssystems.

Zutaten

150 g TK-Blattspinat
100 g Feta
50 g Oliven, ohne Stein
2 Eier (Größe M)
150 g Vollkornmehl
1 TL Backpulver
Meersalz
frisch gemahlener Pfeffer

Außerdem

Muffinform
6 Papierbackförmchen

Zubereitung

1 Den Spinat in ein Sieb geben und auftauen lassen. Papierbackförmchen in die Vertiefungen der Muffinform setzen. Den Backofen auf 180 °C (Ober-/Unterhitze) vorheizen. Den Spinat ausdrücken und mittelfein hacken. Den Feta zerbröseln, die Oliven fein hacken. Die Eier in einer Schüssel aufschlagen.

2 Mehl, Eier, Backpulver, Spinat, Feta, Oliven, ½ Teelöffel Salz und 1 Prise Pfeffer dazugeben. Die Zutaten mit der Hand oder den Knethaken des Handrührgeräts zu einem Teig verkneten.

3 Den Teig in 6 gleiche Portionen teilen und zu Kugeln formen. Die Teigkugeln in die Muffinförmchen legen und die Form auf dem Gitterrost in den heißen Ofen (Mitte) schieben. Die Muffins 20–25 Minuten backen. Herausnehmen und auf einem Gitter abkühlen lassen. Die Muffins aus der Form lösen und warm oder kalt servieren.

25 CRACKER

Vollkorncracker
mit Avocado und Tomate

Eine Studie, die im Fachblatt „Nutriens" veröffentlicht wurde, hat ergeben, dass der Konsum einer frischen Avocado pro Tag bei gesunden älteren Erwachsenen zu einer verbesserten Konzentration und Denkfähigkeit führen kann. Avocado unterstützt also möglicherweise unser Gehirn in seiner Leistungsfähigkeit.

Zutaten

Für die Vollkorncracker

220 g Vollkornmehl

3 TL Backpulver

1 EL Zucker

Meersalz

120 g kalte Butter

30 ml Rapsöl

Für den Belag

1 Avocado

1 EL Schmand

1 TL Zitronensaft

Meersalz

frisch gemahlener Pfeffer

50 g Kirschtomaten

Außerdem

runder Keksausstecher (Ø 4 cm)

Zubereitung

1 Für die Cracker den Backofen auf 200 °C (Ober-/Unterhitze) vorheizen, ein Backblech mit Backpapier belegen. Mehl, Backpulver, Zucker und etwas Salz in einer Rührschüssel mischen. 80 g von der Butter in Flöckchen zugeben und das Ganze zu einer streuselartigen Konsistenz verarbeiten.

2 Das Öl und 50 ml kaltes Wasser zugießen. Die Zutaten weiter mit der Hand verkneten, bis ein homogener Teig entsteht. Den Teig auf der Arbeitsfläche kurz und kräftig durchkneten und zwischen Backpapier etwa 3 mm dick ausrollen. Mit einem Ausstecher (rund, Ø 4 cm) etwa 25 Cracker ausstechen, auf das Blech legen und mit einer Gabel zwei- bis dreimal einstechen. Die Cracker im heißen Ofen (Mitte) in 10–12 Minuten goldbraun backen.

3 Zeitgleich in einem Topf die restliche Butter zerlassen und ½ Teelöffel Salz einrühren. Die Cracker mit dem Papier auf ein Kuchengitter ziehen, noch heiß mit der flüssigen Salzbutter bestreichen. Auskühlen lassen.

4 Für den Belag die Avocado halbieren, den Kern entfernen und das Fruchtfleisch mit einem Löffel aus der Schale lösen. Das Fruchtfleisch mit Schmand, Zitronensaft, ½ Teelöffel Salz und 2 Prisen Pfeffer in einer Schüssel mit einer Gabel zu feinem Mus zerdrücken. Die Tomaten waschen und in dünne Scheiben schneiden. Die Cracker mit Avocadomus bestreichen, mit den Kirschtomaten belegen und servieren.

2 PORTIONEN

Möhrensticks
mit Hummus

Hummus schmeckt lecker und schon das sinnliche Erlebnis kann das Wohlbefinden steigern. Eine israelische Studie hat gezeigt, dass Hummus ein wirksames Antidepressivum ist. Der Dip fördert überdies die Freisetzung von Serotonin. Das liegt an der gesunden Kombination von Kichererbsen, Olivenöl und Paprikapulver. Alle drei enthalten **Aminosäuren**, die die Bildung von Serotonin fördern.

Zutaten

Für den Hummus

1 Dose Kichererbsen (Füllgewicht 400 g)

2 Knoblauchzehen

2 EL Olivenöl

3 EL Zitronensaft

3 EL Tahin

Meersalz

½ TL gemahlener Kreuzkümmel

1 EL Butter

1 TL edelsüßes Paprikapulver

Für die Gemüsesticks

200 g Möhren

2 Stängel Petersilie

Zubereitung

1 Für den Hummus die Kichererbsen in ein Sieb geben, mit kaltem Wasser abspülen und gut abtropfen lassen. Den Knoblauch schälen und fein hacken. Kichererbsen mit Knoblauch, Olivenöl, Zitronensaft, 2–3 Esslöffeln Wasser und Tahin im Mixer, in der Küchenmaschine oder mit dem Stabmixer zu einer cremigen Paste pürieren.

2 Mit Salz und Kreuzkümmel abschmecken und in eine kleine Schüssel füllen. In der Mitte mit dem Löffel eine kleine Mulde eindrücken. Die Butter in einem kleinen Topf zerlassen und mit dem Paprikapulver verrühren. Die Hälfte der Butter in die Mulde gießen, den Rest über den Hummus träufeln.

3 Für die Gemüsesticks die Möhren waschen, schälen und quer halbieren. Jedes Möhrenstück der Länge nach vierteln, dann anrichten. Die Petersilie waschen, trocken schütteln, die Blätter abzupfen und fein hacken. Den Hummus mit der Petersilie garnieren und mit den Möhrensticks servieren.

4 MUFFINS

Gemüse-Quiche-Muffins

Bestimmte Gewürze stimulieren Neurotransmitter wie **Serotonin**. Die Muskatnuss gehört zu den Gewürzen, die als natürliches Hilfsmittel gegen depressive Verstimmungen wirken.

Zutaten

1 kleine Stange Lauch

1 rote Paprika

1 kleine Zwiebel

50 g Gouda

150 g Vollkornmehl

2 Eier (Größe M)

100 ml Haferdrink

2 TL Backpulver

Meersalz

frisch geriebene Muskatnuss

Außerdem

Muffinform

4 Papierbackförmchen

Zubereitung

1 Die Papierbackförmchen in die Vertiefungen der Muffinform setzen. Den Backofen auf 180 °C (Ober-/Unterhitze) vorheizen. Den Lauch putzen, längs viermal einschneiden, waschen und quer in feine Würfel schneiden. Die Paprika halbieren, putzen, waschen und in ca. 1 cm große Würfel schneiden. Die Zwiebel schälen und fein würfeln. Den Käse fein reiben.

2 Gemüse, Mehl, Eier, Haferdrink, Käse, Backpulver, ½ Teelöffel Salz und 2 Prisen Muskat in einer Schüssel zu einem geschmeidigen Teig verrühren. Den Teig gleichmäßig in die Muffinförmchen füllen. Die Form auf dem Gitterrost in den heißen Ofen (Mitte) schieben und die Muffins 20–25 Minuten backen. Herausnehmen und auf einem Gitter abkühlen lassen. Die Muffins aus der Form lösen und noch warm servieren.

Nuss-Smoothie

2 PORTIONEN

Nüsse und Mandeln enthalten reichlich **Omega-3-Fettsäuren**. Diese sind einerseits Baustoffe für unsere Nervenzellen, aber auch Signalstoffe im Körper. Die ungesättigten Fettsäuren aus Nüssen und Samen sind für unsere Stimmung und unsere geistige Leistungsfähigkeit existenziell.

Zutaten

50 g Mandeln

50 g Haselnusskerne

2 reife Bananen

400 ml ungesüßter Mandeldrink

1 EL Honig

2 TL Leinsamen

1 TL Vanillezucker

Meersalz

Zubereitung

1 Mandeln und Haselnüsse in einer Pfanne ohne Fett bei mittlerer Hitze unter Rühren rösten, bis sie zu duften beginnen und leicht Farbe bekommen. Einige der Kerne grob hacken und für die Garnitur beiseitelegen. Die Bananen schälen und in kleinere Stücke schneiden.

2 Mandeldrink, Honig, Bananen, Nüsse, Leinsamen, Vanillezucker und 1 Prise Salz in einen Mixer geben und die Zutaten in 2–3 Minuten zu einem cremigen Smoothie mixen.

3 In Flaschen oder Gläser abfüllen, sofort mit den zurückbehaltenen gehackten Kernen garniert servieren oder kühl aufbewahren. Innerhalb eines Tages verbrauchen.

2 PORTIONEN

Gemüsechips

mit Hummus

Frittierte Kartoffelprodukte (Kartoffelchips, Pommes) können laut einer aktuellen Studie Angstzustände fördern, außerdem haben Menschen, die häufig Frittiertes essen, ein höheres Risiko für Depressionen. Deshalb sind Gemüsechips aus dem Ofen eine super Alternative für eine gute Stimmung.

Zutaten

1–2 Möhren

1–2 Rote Bete

1 Pastinake

Salz

2 EL Rapsöl

200 g Hummus (Rezept siehe Seite 110)

Zubereitung

1 Den Backofen auf 80 °C (Umluft) vorheizen. Ein Backblech mit Backpapier belegen. Das Gemüse putzen, bei Bedarf schälen, waschen und in dünne Scheiben schneiden. Alternativ mit einer Küchenmaschine oder einem Küchenhobel in ca. 3 mm dicke Scheiben hobeln.

2 Das Gemüse mit 1 Esslöffel Salz in einer Schüssel mischen und ca. 20 Minuten Wasser ziehen lassen. Danach in ein Sieb geben und das Salz gründlich mit kaltem Wasser abwaschen. Das Gemüse mit Küchenpapier trocken tupfen, in eine Schüssel geben und mit dem Öl mischen. Das Gemüse so auf dem Backblech verteilen, dass es sich möglichst nicht berührt.

3 Das Blech in den heißen Ofen (Mitte) schieben. Die Gemüsechips 4–5 Stunden trocknen lassen, dabei ein- bis zweimal wenden. Die Gemüsechips im ausgeschalteten Backofen auskühlen lassen. In einer luftdicht verschließbaren Dose aufbewahren. Die Gemüsechips warm oder kalt mit dem Hummus als Dip servieren.

2 PORTIONEN

Quinoa-Pizza-Bites

Quinoa gehört zu den sehr gesunden Getreidesorten. Neben einigen **Vitaminen** ist vor allem eine Vorstufe des Serotonins in großen Mengen enthalten. Das sogenannte **Tryptophan** ist der Grundstoff, aus dem unser Gehirn das Wohlfühl-Hormon Serotonin aufbaut.

Zutaten

50 g Mozzarella
2 Tomaten
75 g gekochte Quinoa
2 EL Tomatenmark
Meersalz
1 EL italienische TK-Kräuter
1 TL Backpulver

Zubereitung

1 Den Backofen auf 200 °C (Ober-/Unterhitze) vorheizen. Ein Backblech mit Backpapier belegen. Den Mozzarella in ca. 1 cm große Würfel schneiden. Die Tomaten waschen, putzen und in Würfel schneiden.

2 Quinoa, Mozzarella, Tomatenmark, Tomatenwürfel, ½ Teelöffel Salz, die italienischen Kräuter und das Backpulver in eine Schüssel geben und gut vermengen. Aus der Masse mit leicht angefeuchteten Fingern kleine Bällchen formen und auf das Backblech legen.

3 Im heißen Ofen (Mitte) in ca. 15–20 Minuten goldbraun backen. Herausnehmen, auf einem Gitter etwas abkühlen lassen und heiß servieren.

2 PORTIONEN

Gemüsesticks

mit Guacamole

Guacamole schmeckt nach Sommer, Frische und Urlaub. Manchmal reicht schon ein schönes Geschmackserlebnis für eine Stimmungsaufhellung. Aber die Avocado ist auch reich an **Vitamin D**. Ein ausgeglichener Vitamin-D-Spiegel schützt u. a. vor Angst und Depression.

Zutaten

Für die Guacamole

1 Tomate

1 Frühlingszwiebel

½ Bund Koriandergrün

1 reife Avocado

1 EL Limettensaft

Meersalz

Cayennepfeffer

Für die Sticks

1 rote Paprika

1 kleine Salatgurke

1 kleine Stange Staudensellerie

Zubereitung

1 Für die Guacamole die Tomate waschen, putzen und vierteln. Die Kerne herauskratzen, das Fruchtfleisch in kleine Würfel schneiden. Die Frühlingszwiebel waschen und putzen, das dunkle Grün entfernen, weiße und hellgrüne Teile fein würfeln. Den Koriander waschen, trocken schütteln und samt Stängel fein hacken.

2 Die Avocado halbieren, den Kern entfernen und das Fruchtfleisch mit einem Löffel aus der Schale lösen, sofort mit dem Limettensaft beträufeln und mit einer Gabel nach Belieben grob oder fein zerdrücken. Mit der Tomate und der Frühlingszwiebel vermengen, mit ½ Teelöffel Salz und 1 Prise Cayennepfeffer abschmecken.

3 Für die Sticks die Paprika halbieren, putzen, waschen und in 1 cm breite Streifen schneiden. Die Gurke waschen, schälen und je nach Größe dritteln oder vierteln. Die Gurkenstücke anschließend längs vierteln. Die Selleriestangen waschen und putzen. Bei Bedarf gelöste Fäden abziehen. Die Selleriestange in ca. 10 cm lange Stücke schneiden, dann in ca. 1 cm dicke Streifen. Die Gemüsesticks in ein Glas stellen und mit der Guacamole servieren.

2 PORTIONEN

Knuspriges Sandwich
mit Gemüse

Auberginen sind ein echtes Superfood, denn sie enthalten wichtige **Vitamine** und Mineralstoffe wie **Kalzium** und **Magnesium**. In der Kombination mit Vollkorntoast bekommt das Nervensystem einen gesunden Energiebooster, der sich auch gut zum Mitnehmen eignet.

Zutaten

½ Bund Basilikum

2 Knoblauchzehen

30 g Pecorino

7 EL Olivenöl

1 EL ganze ungeschälte Mandeln

Meersalz

frisch gemahlener Pfeffer

1 kleine Aubergine

1 große rote Paprika

2 Scheiben Vollkorntoastbrot

2 Scheiben luftgetrockneter Schinken (z. B. Parma oder Serrano)

Zubereitung

1 Basilikum waschen, trocken schütteln und die Blätter abzupfen. Den Knoblauch schälen, den Käse grob reiben. 4 Esslöffel des Olivenöls, Basilikum, Knoblauch, Mandeln, Käse, ½ Teelöffel Salz und 2 Prisen Pfeffer mit einem Stabmixer fein pürieren.

2 Die Aubergine putzen, waschen und längs in ca. ½ cm dicke Scheiben schneiden. Die Paprika halbieren, putzen, waschen und in 1 cm breite Streifen schneiden.

3 In einer großen Pfanne 2 Esslöffel des Öls erhitzen. Die Auberginenscheiben in die Pfanne legen und bei mittlerer Hitze 3–4 Minuten auf jeder Seite braten. Dabei mit je 1 Prise Salz und Pfeffer würzen. Die Auberginenscheiben auf einen Teller legen. Das restliche Öl in der gleichen Pfanne erhitzen. Die Paprika darin unter Rühren 4–5 Minuten braten, bis sich teilweise dunkle Stellen bilden.

4 In der Zwischenzeit die Brotscheiben knusprig toasten und jede Scheibe mit 1 Esslöffel des Basilikum-Pestos bestreichen. Auf einer Brotscheibe die Auberginenscheiben und die Paprika gleichmäßig verteilen. Das Gemüse zusätzlich mit ½ Esslöffel Pesto beträufeln und mit dem Schinken belegen. Die zweite Brotscheibe auflegen, dann diagonal halbieren. Die Sandwiches auf Teller legen und servieren.

6 MUFFINS

Amarantmuffins

mit Brokkoli und Käse

Brokkoli ist reich an **Folsäure**, die wiederum wichtig ist für die Bildung von Neurotransmittern im Gehirn. Unter anderem wird neben dem seelischen Wohlbefinden auch der gesunde Schlaf über diese Botenstoffe reguliert.

Zutaten

75 g Amarant

Meersalz

50 g Brokkoli

50 g Gouda

2 Eier (Größe M)

1 TL Backpulver

frisch gemahlener Pfeffer

Außerdem

Muffinform

6 Papierbackförmchen

Zubereitung

1 Den Amarant waschen und mit 450 ml Wasser und ½ Teelöffel Salz in einen Topf geben. Den Amarant zugedeckt 20 Minuten bei schwacher Hitze köcheln lassen. Anschließend den Topf vom Herd nehmen und den Amarant noch 10 Minuten quellen lassen. In der Zwischenzeit die Papierbackförmchen in die Vertiefungen der Muffinform setzen. Den Backofen auf 180 °C (Ober-/Unterhitze) vorheizen.

2 Den Brokkoli waschen und in kleine Röschen teilen. Die Brokkoliröschen in ca. ½ cm große Stücke hacken oder im Blitzhacker zerkleinern. Den Käse grob reiben. Den gekochten Amarant mit Eiern, Backpulver, ½ Teelöffel Salz, 2 Prisen Pfeffer, Brokkoli und Gouda zu einer homogenen Masse verrühren.

3 Die Masse gleichmäßig in die Muffinförmchen füllen. Die Form auf dem Gitterrost in den heißen Ofen (Mitte) schieben und die Muffins 25–30 Minu-ten backen. Herausnehmen und auf einem Gitter abkühlen lassen. Die Muffins aus der Form lösen und noch warm servieren.

Tipp:

Für die Muffins kann man auch den Stamm des Brokkolis verwenden. Dafür schält man ihn großzügig und raspelt ihn anschließend fein auf einer Reibe.

6 RIEGEL

Quinoa-Müsliriegel

mit Nüssen und Trockenobst

Wer sehr viel Zucker isst, hat ein fast 25 % höheres Risiko, an einer Depression zu erkranken. Gesündere Süßigkeiten sind also wichtig für das seelische Wohlbefinden. Trockenobst hat neben Zucker vor allem gesunde Inhaltsstoffe und ist ein guter Ersatz für süßes Junkfood.

Zutaten

75 g Quinoa
50 g Walnusskerne
50 g getrocknete Cranberrys
50 g Rosinen
50 g gehackte Mandeln
2 EL Honig
2 EL Erdnussbutter
2 EL flüssiges Kokosöl

Außerdem

Auflaufform, ca. 20 x 15 cm

Zubereitung

1 Die Quinoa waschen, in einen Topf geben und mit 100 ml Wasser aufgießen. Zum Kochen bringen, den Deckel auflegen und die Quinoa bei schwacher Hitze 15 Minuten köcheln lassen. Anschließend den Topf vom Herd nehmen und die Quinoa 5 Minuten ziehen lassen. In der Zwischenzeit die Form mit Backpapier auslegen.

2 Die Walnusskerne, die Cranberrys und die Rosinen hacken. Quinoa, Nüsse, Mandeln, Rosinen, Cranberrys, Honig, Erdnussbutter und Kokosöl in eine Schüssel geben und alles mit den Händen zu einer geschmeidigen Masse verkneten.

3 Die Masse in die Form drücken und im Kühlschrank fest werden lassen. Anschließend mit dem Backpapier aus der Form heben, auf ein Schneidebrett legen und mit einem scharfen Messer in 6 Riegel schneiden. In einer luftdicht verschließbaren Dose im Kühlschrank lagern und innerhalb von 1 Woche aufbrauchen.

2 PORTIONEN

Reiscracker

Das übliche Knabberzeug enthält meist schlechte Fette, zu viel Salz und kann durch diese Inhaltsstoffe eher zu einer depressiven Stimmung beitragen. Eine leckere Snack-Alternative sind diese Reiscracker. Hier findet man **Omega-3-Fettsäuren** für das Gehirn und sogar einige gute **Vitamine**.

Zutaten

150 g Reis (z. B. Basmati)
4 Frühlingszwiebeln
1 TL Trockenhefe
Meersalz
1 TL Backpulver
1 EL Rapsöl
Öl für die Pfanne

Zubereitung

1 100 g Reis über Nacht in Wasser einweichen. Am nächsten Morgen das Wasser abgießen. Den restlichen Reis in Salzwasser garkochen. Die Frühlingszwiebeln putzen und in feine Ringe schneiden.

2 Den eingeweichten Reis, den gekochten Reis und 140 ml Wasser in einen Mixer geben und bei hoher Geschwindigkeit 2 Minuten mixen, bis eine glatte Masse entsteht. Die Masse in eine Schüssel gießen, die Hefe dazugeben, die Schüssel mit einem feuchten Geschirrtuch abdecken und 30 Minuten ruhen lassen.

3 1 Teelöffel Salz, Backpulver, Öl und die Frühlingszwiebeln zur Reismasse geben und unterrühren. Eine beschichtete Pfanne erhitzen. Den Pfannenboden mit Öl einpinseln oder mithilfe von Küchenpapier einreiben. Die Hälfte des Teigs in die Pfanne gießen und durch Schwenken gleichmäßig verteilen. Von beiden Seiten bei mittlerer Hitze in ca. 2–3 Minuten knusprig braun backen. Auf Küchenpapier legen und etwas abkühlen lassen. Aus dem restlichen Teig auf die gleiche Weise einen weiteren Reiscracker backen.

Möhren-Kokosnuss-Kuchen

8 PORTIONEN

Möhren können die Produktion von **Dopamin**, dem Belohnungsbotenstoff, im Gehirn fördern. So wird dieser Kuchen zu einem echten Wohlfühlgebäck und ist viel gesünder als übliche Kuchenrezepte.

Zutaten

4–5 Möhren (250 g)

2 Eier (Größe M)

60 ml flüssiges Kokosöl

80 g Honig

2 TL Vanillezucker

150 g Vollkornmehl

50 g Kokosraspel

1 TL Backpulver

½ TL Natron

1 TL gemahlener Zimt

Meersalz

60 g gehackte Haselnüsse

Außerdem

1 Kastenform

etwas Butter/Margarine für die Form

Zubereitung

1 Den Backofen auf 180 °C (Ober-/Unterhitze) vorheizen. Die Kastenform mit etwas Butter oder Margarine ausreiben. Die Möhren schälen, waschen und fein raspeln. In einer großen Schüssel Eier, Kokosöl, Honig und Vanillezucker verrühren. Die Möhren zugeben und verrühren. In einer separaten Schüssel Mehl, Kokosraspel, Backpulver, Natron, Zimt und 1 Prise Salz vermischen.

2 Die trockenen Zutaten zur Möhrenmischung geben und zügig mit einem Kochlöffel verrühren. Die Nüsse unterheben und den Teig in die Form füllen. Glatt streichen und im heißen Ofen (Mitte) 30–35 Minuten backen.

3 Der Kuchen ist fertig, wenn an einem hineingesteckten Holzspieß kein Teig mehr klebt. Die Form aus dem Ofen nehmen und auf einem Gitter abkühlen lassen. Den Kuchen erst dann aus der Form stürzen.

2 PORTIONEN

Vegane Schokoladenmousse

mit Datteln

Schokolade zu essen, ist nicht nur ein sinnliches Erlebnis. Kakao enthält einige interessante Substanzen, wie das natürliche Aufputschmittel **Koffein**, das Rauschmittel **Theobromin** und die Vorstufe des Glückshormons **Serotonin**. In Kombination mit der Süße und dem **Magnesium** aus den Datteln ist diese Süßigkeit ein Fest für Gaumen und Seele.

Zutaten

100 g dunkle Schokolade (mind. 70 % Kakao)

240 ml ungesüßter Mandeldrink

1 reife Banane

100 g Soft-Datteln

2 EL Backkakao

1 TL Vanillezucker

Meersalz

1 EL Mandelblättchen

10 Himbeeren (alternativ andere Fruchtstücke)

Zubereitung

1 Die Schokolade grob hacken und in einen Mixer geben. In einem kleinen Topf den Mandeldrink erwärmen, über die Schokolade gießen und 2–3 Minuten warten, bis die Schokolade geschmolzen ist. In der Zwischenzeit die Banane schälen, in Stücke schneiden und zugeben. Die Datteln etwas zerkleinern und mit Kakaopulver, Vanillezucker und 1 Prise Salz zugeben.

2 Den Mixer auf kleinster Stufe starten, dann alles auf höchster Stufe mixen. Dabei die Zutaten bei Bedarf mithilfe eines Spatels in Richtung der Klingen schieben, bis alles fein püriert ist. Die Masse in zwei Dessertgläser oder Schälchen abfüllen. Mindestens 2 Stunden kalt stellen, bis die Mousse fest wird. Zum Servieren die Himbeeren verlesen und waschen und die Mousse mit den Beeren und Mandelblättchen garnieren.

12 KEKSE

Haferflockenkekse

mit Chiasamen

Chiasamen sind sehr ballaststoffreich und sorgen damit für eine gesunde Darmflora und Verdauung. Die Darmflora hat einen enormen Einfluss auf unser Nervensystem. 95 % des Glückshormons **Serotonin** im Körper werden im Darm gebildet.

Zutaten

30 g dunkle Schokolade (mind. 70 % Kakao)

2 reife Bananen

80 g Haferflocken

40 g Vollkornmehl

2 EL Chiasamen

2 EL Rohrohrzucker

1 TL Vanillezucker

½ TL Backpulver

½ TL gemahlener Zimt

Meersalz

Zubereitung

1 Den Backofen auf 180 °C (Ober-/Unterhitze) vorheizen. Ein Backblech mit Backpapier belegen. Die Schokolade grob hacken. Die Bananen schälen, klein schneiden und in eine Schüssel geben. Mit einer Gabel zu feinem Mus zerdrücken.

2 Haferflocken, Vollkornmehl, Chiasamen, Zucker, Vanillezucker, Backpulver, Zimt und 1 Prise Salz zugeben und alles zu einem Teig verkneten. Die Schokolade hinzugeben und kurz einarbeiten, dann mit den Händen 12 Kugeln aus dem Teig formen und auf das Backblech legen.

3 Die Teigkugeln etwas flach drücken und das Blech in den heißen Ofen (Mitte) schieben. Die Kekse in ca. 12–15 Minuten goldbraun und knusprig backen. Das Blech aus dem Ofen nehmen und die Kekse mit dem Backpapier vom Blech ziehen. Auf einem Gitter abkühlen lassen. In einer Keksdose an einem kühlen Ort lagern und innerhalb von 2 Wochen aufessen.

10 STÜCK

Energiebällchen

mit Nüssen und Trockenobst

Datteln liefern eine gute Menge an **Magnesium** und **Kalium** für die Zellen. Magnesium ist beteiligt an der Signalübertragung zwischen den Nervenzellen. Somit ist Magnesium wichtig für die Muskelfunktion, aber auch für die Leistungsfähigkeit und Ausgeglichenheit unsere Nervenzellen.

Zutaten

50 g Mandeln
50 g Cashewkerne
50 g Datteln, ohne Stein
50 g getrocknete Aprikosen
2 EL Honig
1 TL gemahlener Zimt
1 EL Kokosraspel

Zubereitung

1 Mandeln und Cashewkerne in einer Pfanne ohne Fett bei mittlerer Hitze rösten, bis sie zu duften beginnen. Abkühlen lassen, dann in einer Küchenmaschine fein mahlen.

2 Datteln und Aprikosen etwas kleiner schneiden, dann mit Honig und Zimt in den Mixer geben und alles zu einer mittelfeinen Masse mixen. Die Masse in eine Schüssel füllen und mit der Hand weiter verkneten, bis eine homogene Masse entsteht.

3 Aus der Masse 10 gleich große Bällchen formen und in den Kokosraspeln wälzen. Im Kühlschrank aufbewahren und innerhalb von 1 Woche aufessen.

10 MUFFINS

Fruchtmuffins

mit Pistazien

Wer unter Stress leidet, hat oft mehr Lust auf Süßigkeiten und Junkfood. Mit diesem Rezept bekommt man nicht nur eine gesunde Alternative zu herkömmlichen Naschereien, sondern in einer Studie wurde auch belegt, dass Pistazien besonders sättigend sind. Und wer satt ist, fühlt sich wohler.

Zutaten

1 Kiwi

100 g Erdbeeren

2 Eier (Größe M)

4 EL Honig

60 ml Orangensaft

60 ml ungesüßter Mandeldrink

60 ml Rapsöl

150 g Vollkornmehl

50 g gemahlene Mandeln

2 TL Backpulver

Meersalz

40 g gehackte Pistazien

Außerdem

Muffinform

10 Papierbackförmchen

Zubereitung

1 Die Kiwi schälen und in kleine Würfel schneiden. Die Erdbeeren putzen, waschen und ebenfalls würfeln. Den Backofen auf 180 °C (Ober-/Unterhitze) vorheizen, die Papierförmchen in die Mulden der Muffinform setzen.

2 In einer Schüssel die Eier verquirlen. Honig, Orangensaft, Mandeldrink und Rapsöl hinzufügen und mit einem Schneebesen verrühren. Mehl, Mandeln, Backpulver und 1 Prise Salz zugeben. Alles zügig mit einem Kochlöffel zu einem glatten Teig verrühren.

3 Kiwi, Erdbeeren und Pistazien unter den Teig heben. Den Teig gleichmäßig in den Förmchen verteilen. Die Muffins im heißen Ofen (Mitte) in 20–25 Minuten goldbraun backen. Herausnehmen, ca. 15 Min. ruhen lassen, dann aus der Form lösen und auf einem Kuchengitter abkühlen lassen.

2 PORTIONEN

Granola-Müsli

mit griechischem Joghurt

In diesem Müsli steckt alles, was die Psyche braucht: Lieferanten für gesunde **Omega-3-Fettsäuren**, wie Pistazien, Sonnenblumenkerne und Olivenöl, und Joghurt-Eiweiß für die Zellbildung. **Vitamine** und **Spurenelemente** findet man in Himbeeren und Vollkorngetreide.

Zutaten

Für das Granola

50 g Honig

3 EL Olivenöl

1 TL Vanillezucker

½ TL gemahlener Zimt

Meersalz

250 g Großblatt-Haferflocken

100 g gehackte Pistazien

50 g Sonnenblumenkerne

Für den Joghurt

1 Birne

50 g Himbeeren

400 g griechischer Joghurt

100 g Granola

2 TL Honig

Zubereitung

1 Den Backofen auf 160 °C (Umluft) vorheizen. Ein Backblech mit Backpapier belegen. In einer Schüssel Honig, Öl, Vanillezucker, Zimt und 1 Prise Salz verrühren. Haferflocken, Pistazien und Sonnenblumenkerne untermengen, bis sie mit der Flüssigkeit gleichmäßig überzogen sind. Die Masse auf das Backblech geben und etwa 1 cm hoch darauf verstreichen.

2 Das Blech in den heißen Ofen (Mitte) schieben und das Granola in ca. 20–25 Minuten goldbraun und knusprig backen. Dabei zwischendurch einmal umschichten, damit es gleichmäßig bräunt. Anschließend herausnehmen und auf einem Gitter abkühlen lassen. Das Granola in kleine Stücke brechen.

3 Für den Joghurt die Birne waschen, vierteln und das Kerngehäuse herausschneiden. Die Birne in ca. 1 cm große Würfel schneiden. Die Himbeeren verlesen. Den Joghurt in Schalen füllen. Mit Granola und Früchten garnieren. Etwas Honig darüberträufeln und servieren.

Tipp:

Das Granola reicht für mehrere Portionen. In einem verschlossenen Glas aufbewahrt hält es sich an einem kühlen Ort mehrere Wochen.

6 RIEGEL

Energieriegel

mit Haferflocken und Trockenobst

Handelsübliche Müsliriegel enthalten raffinierten Einfachzucker und gehärtete Fette, sogenannte Transfette, denen man nachsagt, das Krebs- und Depressionsrisiko zu erhöhen. Selbst gemachte Energieriegel liefern dank Nüssen und Samen **Mineralstoffe**, **Vitamine** und für das Gehirn wichtige **Aminosäuren**.

Zutaten

50 g getrocknete Soft-Aprikosen

4 EL Erdnussbutter

2 EL Honig

½ TL gemahlener Zimt

50 g Cranberrys

150 g Großblatt-Haferflocken

Außerdem

kleine Auflaufform, ca. 12 x 10 cm

Zubereitung

1 Die Form vollständig mit Backpapier auslegen. Die Aprikosen in kleine Stücke schneiden. Erdnussbutter, Honig und Zimt in einer Schüssel mit einem Schneebesen glatt verrühren.

2 Aprikosen, Cranberrys und Haferflocken zugeben und alles mit einem Kochlöffel zu einer Masse vermengen. Die Mischung in die Form drücken und im Kühlschrank in ca. 1 Stunde fest werden lassen. In 6 Riegel schneiden und kühl lagern. Innerhalb von 1 Woche aufessen.

6 MUFFINS

Vollkornmuffins

mit Banane & Nüssen

Bananen enthalten **Tryptophan**, woraus unser Gehirn Serotonin bildet. In Kombination mit Nüssen verstärkt sich die positive Wirkung auf das psychische Wohlbefinden. Einer Studie zufolge haben Menschen, die täglich bis zu 30 g Nüsse essen, ein um fast 20 % Prozent niedrigeres Risiko, depressiv zu werden.

Zutaten

2 reife Bananen
50 g Walnusskerne
2 Eier (Größe M)
2 EL Honig
150 g Vollkornmehl
1 TL Backpulver
1 TL gemahlener Zimt

Außerdem
Muffinblech
6 Papierbackförmchen

Zubereitung

1 Den Backofen auf 180 °C (Ober-/Unterhitze) vorheizen, die Papierförmchen in die Mulden der Muffinform setzen. Die Bananen schälen und etwas kleiner schneiden. Mit der Gabel zu einem feinen Mus zerdrücken. Die Walnusskerne mittelfein hacken, dann in einer Pfanne ohne Fett bei mittlerer Hitze rösten, bis sie zu duften beginnen.

2 Walnusskerne, Eier und Honig zu den Bananen geben und alles glatt verrühren. Mehl, Backpulver und Zimt zugeben und alles zügig mit einem Kochlöffel zu einem glatten Teig verrühren.

3 Die Förmchen zu zwei Dritteln mit dem Teig füllen. Die Muffins im heißen Ofen (Mitte) ca. 20–22 Minuten backen. Herausnehmen, 15 Minuten ruhen lassen, dann aus der Form lösen und auf einem Kuchengitter abkühlen lassen.

8 PORTIONEN

Mandel-Bananenbrot

Bananenbrot liegt voll im Trend. Kein Wunder, denn es liefert gesunde **Ballaststoffe**, wertvolle Mineralstoffe wie **Magnesium** und macht zudem richtig satt. Dieses Brot hat aber noch mehr zu bieten: Kakao steuert reichlich **Aminosäuren** bei, die für die Bildung der Glückshormone wichtig sind, und Mandeln liefern die guten Fette, die die Zellwände des Nervensystems benötigen.

Zutaten

2 sehr reife Bananen

2 Eier (Größe M)

60 ml flüssiges Kokosöl

120 ml ungesüßter Mandeldrink

1 TL Vanillezucker

180 g Mandelmehl

60 g Hafermehl

2 TL Backpulver

½ TL gemahlener Zimt

Meersalz

40 g dunkle Schokolade (mind. 70 % Kakao)

60 g gehackte Mandeln

Außerdem

1 Kastenform

etwas Butter/Margarine für die Form

Zubereitung

1 Den Backofen auf 180 °C (Ober-/Unterhitze) vorheizen. Die Kastenform mit etwas Butter oder Margarine bestreichen. Die Bananen schälen und etwas kleiner schneiden. Mit der Gabel zu einem feinen Mus zerdrücken. Eier, Kokosöl, Mandeldrink und Vanillezucker dazugeben und gut verrühren.

2 In einer separaten Schüssel Mandelmehl, Hafermehl, Backpulver, Zimt und 1 Prise Salz mischen. Die trockenen Zutaten zur Bananenmischung geben und gut verrühren. Die Schokolade grob hacken und mit den Mandeln unter den Teig rühren.

3 Den Teig in die Form füllen, glatt streichen und im heißen Ofen (Mitte) 40–45 Minuten backen. Die Form aus dem Ofen nehmen und auf einem Gitter abkühlen lassen. Den Kuchen erst dann aus der Form stürzen.

12
KEKSE

Haferflocken-Apfel-Kekse

In der Naturheilkunde gelten Äpfel unter anderem als Mittel zur Beruhigung der Nerven, sie sollen gegen Schlafstörungen und Kopfschmerzen helfen. Leckere Apfelkekse machen also durch den guten Geschmack und die enthaltenen Äpfel glücklich.

Zutaten

2 reife Bananen
1 Apfel
1 EL Erdnussbutter (30 g)
1 TL Vanillezucker
120 g Kleinblatt-Haferflocken
80 g gemahlene Mandeln
½ TL gemahlener Zimt
Meersalz
30 g gehackte Walnusskerne

Zubereitung

1 Den Backofen auf 180 °C (Ober-/Unterhitze) vorheizen. Ein Backblech mit Backpapier belegen. Die Bananen schälen und klein schneiden. Die Bananen in einer Schüssel mit der Gabel zu einem feinen Mus zerdrücken. Den Apfel schälen, vierteln, das Kerngehäuse entfernen und den Apfel fein raspeln.

2 Den Apfel mit Erdnussbutter und Vanillezucker zum Bananenmus geben und glatt verrühren. In einer separaten Schüssel Haferflocken, Mandeln, Zimt und 1 Prise Salz mischen. Die trockenen Zutaten zum Bananenmus geben und alles mit einem Kochlöffel verrühren.

3 Den Teig in 12 gleich große Portionen teilen und zu Kugeln formen. Die Teigkugeln flach drücken und auf das Backblech legen. Mit den gehackten Walnüssen bestreuen, die Nüsse leicht andrücken und das Blech in den heißen Ofen (Mitte) schieben. Die Kekse in 15–18 Minuten goldbraun und knusprig backen. Herausnehmen, mit dem Backpapier vom Blech ziehen und auf einem Gitter abkühlen lassen.

2 PORTIONEN

Quinoariegel

mit Schokolade & Mandeln

Ein gesunder Getreideriegel ist eine perfekte Mahlzeit für zwischendurch. Anstatt zu Fast Food und fetthaltigen Süßigkeiten zu greifen, lässt sich ein Stimmungstief damit viel gesünder bekämpfen. Kakao, Quinoa, Mandeln und Erdnüsse geben dem Gehirn Nahrung und heben den Blutzuckerspiegel auf gesunde Weise.

Zutaten

75 g Quinoa

50 g dunkle Schokolade (mind. 70 % Kakao)

50 g gehackte Mandeln

2 EL Ahornsirup

2 EL Erdnussbutter

1 TL Vanillezucker

Außerdem

1 Auflaufform, ca. 12 x 12 cm

Zubereitung

1 Die Form mit etwas Backpapier auslegen. Die Quinoa waschen, in einen Topf geben und mit 180 ml Wasser aufgießen. Zum Kochen bringen, den Deckel auflegen und die Quinoa bei schwacher Hitze 12 Minuten köcheln lassen. Den Topf vom Herd nehmen und weitere 5 Minuten ziehen lassen. In der Zwischenzeit die Schokolade fein hacken.

2 Die Schokoladenstückchen, Mandeln, Ahornsirup, Erdnussbutter und Vanillezucker zur Quinoa geben und verrühren, bis sich die Schokolade aufgelöst hat. Die Mischung in die Form drücken und im Kühlschrank fest werden lassen. Anschließend in Riegel schneiden und kühl lagern.

2 PORTIONEN

Griechischer Joghurt

mit Nüssen & Honig

Joghurt ist Medizin für die Darmflora. Unser Darm produziert nicht nur knapp 95 % des Glückshormons **Serotonin**, seine permanenten Signale an unser Gehirn beeinflussen auch unsere Stimmungslage. Ein Ungleichgewicht der sensiblen Darmflora hat dramatische Auswirkungen auf unsere Emotionen und ist mitverantwortlich für die Entstehung von Depressionen und Angsterkrankungen.

Zutaten

40 g dunkle Schokolade (mind. 70 % Kakao)

40 g Himbeeren

50 g Walnusskerne

50 g Cashewkerne

50 g gehackte Mandeln

50 g gehackte Haselnüsse

500 g griechischer Joghurt

2 EL Honig

Zubereitung

1 Die Schokolade in kleine Stücke hacken. Die Himbeeren verlesen. Walnüsse und Cashewkerne mittelfein hacken. Alle Nüsse in einer Pfanne ohne Fett bei mittlerer Hitze unter Rühren rösten, bis sie zu duften beginnen. Die Nüsse anschließend abkühlen lassen.

2 Den Joghurt in Schalen füllen. Mit gerösteten Nüssen, Schokolade und Himbeeren garnieren. Mit etwas Honig beträufeln und servieren.

Ihr 14-Tage-Plan

Woche I	Frühstück	Mittag	Snacks	Abendessen
Montag	Birchermüsli mit Orange	Gemüse-pfannkuchen	Quinoa-Pizza-Bites	Vollkornspaghetti mit frischen & getrockneten Tomaten
Dienstag	Vollkorn-pfannkuchen mit Haferflocken & Früchten	Linsenbuletten mit Pilzrahm	Gemüsesticks mit Guacamole	Vollkornspaghetti mit Linsenbolognese
Mittwoch	Buchweizen-Pfannkuchen mit Beeren	Mediterraner Linsensalat	Knuspriges Sandwich mit Gemüse	Gemüsepfanne mit Tofu & Vollkornreis
Donnerstag	Vollkornbrot mit Rührei & Avocado	Gemüse-Hähnchen-Wrap	Amarantmuffins mit Brokkoli & Käse	Gebratene Leber mit Zwiebeln & gedünstetem Spinat
Freitag	Omelett mit griechischem Joghurt	Couscous-Bowl mit Röstgemüse & Joghurt-Dressing	Quinoa-Müsliriegel mit Nüssen & Trockenobst	Fischfilet mit Zitronen-Kräuter-marinade & Spargel
Samstag	Apfelpfannkuchen aus Vollkorn	Bunter Hirsesalat mit Gemüse & Zitronen-Dressing	Gemüsechips mit Hummus	Ofengeröstetes Gemüse mit Kartoffelecken & Kräutersauce
Sonntag	Joghurt-Smoothie-Bowl mit Walnuss-Granola	Energiesalat mit Hühnchen in Zitronen-Dressing	Reiscracker	Hirsebällchen mit Tomatensauce

Woche II	Frühstück	Mittag	Snacks	Abendessen
Montag	*Rührei mit Gemüse*	*Veganes Quinoa-Chili mit Bohnen & Tomaten*	*Vollkorncracker mit Avocado & Tomate*	*Dinkel-Wrap mit Hähnchen, Gemüse & Hummus*
Dienstag	*Bananen-Pancakes mit Haferflocken*	*Gemüsebratlinge auf Ratatouille*	*Energieriegel mit Haferflocken & Trockenobst*	*Gemüsefrikadellen mit Gurkensalat*
Mittwoch	*Apfelpfannkuchen aus Vollkorn*	*Energiesalat mit Hühnchen in Zitronen-Dressing*	*Spinatmuffins mit Feta & Oliven*	*Hirsebällchen mit Tomatensauce*
Donnerstag	*Birchermüsli mit Orange*	*Gebackenes Hähnchen mit Quinoa & gedünstetem Gemüse*	*Möhrensticks mit Hummus*	*Gemüsecurry mit Vollkornreis & Kichererbsen*
Freitag	*Toast mit geräucherter Forelle & Ei*	*Vollkornpasta mit gebratenem Gemüse in Kräutersauce*	*Griechischer Joghurt mit Nüssen & Honig*	*Gebratener Lachs mit Quinoa & gedünstetem Gemüse*
Samstag	*Quinoa-Porridge mit Beeren & Nüssen*	*Spinatsalat mit gebackenem Tofu & Himbeer-Dressing*	*Gemüse-Quiche-Muffins*	*Vollkornspaghetti mit frischen & getrockneten Tomaten*
Sonntag	*Räucherlachs auf Vollkornbrot & Frischkäse*	*Linsenbuletten mit Pilzrahm*	*Nuss-Smoothie*	*Gegrilltes Hähnchen mit Vollkornweizen & Brokkoli*

Register

A

B

C

D

E

F

G

H

J

Über die Autor*innen

Dr. Stephanie Grabhorn hat nach dem Studium der Humanmedizin die Facharztweiterbildung zur Ärztin für Psychiatrie und Psychotherapie absolviert. Seit 2005 ist sie zudem Ernährungsmedizinerin mit entsprechend jahrelanger Erfahrung auf diesem Gebiet. Als Expertin und wissenschaftliche Journalistin hält sie bis heute Vorträge, leitet Moderationen, präsentiert Veröffentlichungen und führt Interviews zu den Themen Ernährung und Psyche in verschiedenen Medien. Seit 2019 ist Stephanie Grabhorn Chefärztin und seit 2021 Ärztliche Direktorin der Blomenburg Privatkliniken für Psychiatrie, Psychotherapie und Psychosomatik.

Nico Stanitzok ist gelernter Koch, leidenschaftlicher Bäcker, Food-Blogger und Erfolgsautor zahlreicher Bestseller. Er hat ein wunderbares Gespür für Trends und kreative Küchenlösungen. Seine bunten Food-Fotografien postet er am liebsten bei Instagram (@nico.stanitzok). Der Weltenbummler lebt mit seiner Ehefrau Hataikan und ihrem gemeinsamen Kind in der thailändischen Szene-Stadt Chiang Mai.

Impressum

Bibliografische Information der Deutschen Bibliothek.

Die Deutsche Bibliothek verzeichnet diese Publikation in der Deutschen Nationalbibliografie.

Detaillierte bibliografische Daten sind im Internet über http://www.dnb.de/ abrufbar.

Die im Buch veröffentlichten Aussagen und Ratschläge wurden von Verfasser und Verlag sorgfältig erarbeitet und geprüft. Eine Garantie für das Gelingen kann jedoch nicht übernommen werden, ebenso ist die Haftung des Verfassers bzw. des Verlags und seiner Beauftragten für Personen-, Sach- und Vermögensschäden ausgeschlossen.

Bei der Verwendung im Unterricht ist auf dieses Buch hinzuweisen.

EIN BUCH DER EDITION MICHAEL FISCHER

1. Auflage 2024

Covergestaltung und Layout: Luca Feigs
Satz: Janine Kühnle
Lektorat: Annerose Sieck, Neumünster
Redaktion und Projektleitung: Ulrike Zielke,
Ulrike Reihn-Hamburger

Texte: Dr. Stephanie Grabhorn
Rezepte: Nico Stanitzok

Coverbild: © Shutterstock.com/mentalmind
Rezeptfotografie: Sabrina Sue Daniels, Frankfurt
Autorenfoto Dr. Stephanie Grabhorn: Mario Bella
Autorenfoto Nico Stanitzok: Archiv des Autors
Illustrationen © Shutterstock.com: Blumen und S. 15, S. 19, S. 30/31 mentalmind, S. 13 VectorMine, S. 17 Riddhisoni123, S. 24 lemono, S. 27 Taash, S. 28 GoodStudio, S. 29 tynyuk

ISBN 978-3-7459-1248-7

Gedruckt bei PNB Print SIA „Jansili“,
Silakrogs, Ropazu novads,
LV-2133, Lettland

www.emf-verlag.de